Wencke H.

Abgelinkt und abgezockt

Meine Erfahrungen mit Arbeitsamt und Jobcenter

Wencke H.

Abgelinkt und abgezockt

Meine Erfahrungen mit Arbeitsamt und Jobcenter

Rediroma-Verlag

Bibliografische Information der Deutschen Nationalbibliothek:
Die Deutsche Nationalbibliothek verzeichnet diese Publikation in der Deutschen Nationalbibliografie; detaillierte bibliografische Daten sind im Internet über http://dnb.ddb.de abrufbar.

ISBN 978-3-96103-197-9

Umschlagillustration: Wencke H.

www.rediroma-verlag.de

8,95 Euro (D)

Vorwort

Dieses Buch behandelt ein äußerst brisantes Thema, das leider immer noch viel zu oft still schweigend unter den Teppich gekehrt wird. Ein Thema, dem in der Welt der Politik und einem Großteil der Bevölkerung kaum Beachtung geschenkt wird, da es ja lediglich »*soziale Randgruppen*« betrifft und als ein Solches in der breiten Öffentlichkeit gar nicht erst erwähnenswert genug scheint. Niemand beschäftigt sich gerne mit den Menschen, die persönlich von dieser Situation betroffen sind. Kaum ein Politiker ist jemals in das Leben und den harten Alltag dieser Menschen eingedrungen, die es betrifft. Wer selbst in perfekter, finanzieller Absicherung lebt, hat leider oftmals keinen Blick für die Wirklichkeit und macht sich selbst meist nur wenig Gedanken. Um die betroffenen Menschen nämlich, die auf der untersten sozialen Stufe stehen und oftmals entsprechend behandelt werden. Menschen, denen nachgesagt wird, dass sie minderwertig sind, sich auf der »*sozialen Hängematte*« ausruhen und unserem Staat lediglich zur Last fallen. Es sind die Benachteiligten, die körperlich, finanziell und moralisch ausgebeutet und verheizt werden und sich dennnoch offiziell nicht beklagen dürfen.

Jede Ähnlichkeit mit lebenden oder bereits verstorbenen Personen ist übrigens rein zufällig.

Statistische Angaben, Paragraphen und Gesetzestexte entstammen ausschließlich dem Internet, eben so die Angaben zum Arbeitsalltag in den Jobcentern und den Methoden einiger Zeitarbeitsunternehmen. Ich als Autorin bin für diese Angaben in keiner Weise verantwortlich.

Die Welt, die Sie nun kennenlernen, ist die der so genannten Ein-Euro-Jobber, der Teilnehmer von Lehrgängen und Arbeitsbeschaffungsmaßnahmen, Praktikanten und Langzeitarbeitslosen. Es zeigt ungeschminkt auf, wie Menschen von Seiten der verschiedenen »*sozialen*« Einrichtungen oftmals in einer nicht endenden Tretmühle als billige Arbeitskräfte verheizt, ausgenutzt und ausgebeutet, mit einem Hungerlohn abgespeist werden und teilweise bis zur völligen Erschöpfung unbezahlte Überstunden leisten müssen. Es zeigt die Schicksale von Menschen, denen ihre Rechte ganz bewusst vorenthalten und lediglich ihre Pflichten deutlich aufgezählt werden. Menschen, die so wohl oftmals in der breiten Gesellschaft als auch in den verschiedenen Maßnahmebereichen allgemein als träge »*Sozial-Schmarotzer*« eingestuft, teilweise massiv verspottet, gemobbt und sozial ausgegrenzt werden!

Es zeigt eben so die Unkenntnisse vieler Jobcenter-Mitarbeiter/innen, die oftmals gar nicht erfahren, was ihre »*Kunden*« in den verschiedenen Maßnahmen erleben, weil die betroffenen Menschen aus lauter Angst und Scham schweigen. Niemand dieser Jobcenter-Mitarbeiter/innen ist jemals wirklich vor Ort. Selbst sie lassen sich von unzähligen »*sozialen*« Einrichtungen blenden und sitzen oft so dicht vor der Wirklichkeit, dass sie sie nicht mehr erkennen. Teilnehmer/innen werden oftmals in Maßnahmen eingesetzt, für die sie überhaupt in keiner Weise entsprechend qualifiziert sind; geeignete Maßnahmen werden ihnen konsequent verweigert, wahre berufliche Chancen werden ihnen zum Teil mit voller Absicht explizit verwehrt. Qualifizierungsmaßnahmen, die meist sinnlos sind, weil nur unzureichend unterrichtet wird, die überforderten Lehrgangsleiter/innen und Dozentinnen/Dozenten sich selbst keinen Stress machen wollen und an Statt zu unterrichten, lieber mit den Teilnehmerinnen/Teilnehmern spielen – *zum Wohle der Statistik.* Es ist die Welt der Behördenwillkür, die Welt der so genannten »*Sockel-Arbeitslosen*«!

Ich selbst habe diese Welt erlebt und meine persönlichen Erfahrungen gesammelt. Nur zwei dieser Maßnahmen waren mir zusammengefasst wirklich nützlich. Und gerade diesen Nutzen habe ich gezogen. Eigene kreative Ideen entwickelten sich. Ich verließ die gewohnten, konventionellen Pfade und ging meinen eigenen beruflichen Weg. Manchmal führen gerade eben unkonventionelle Wege zum Ziel. Ein Ziel, mit dem ich noch vor wenigen Jahren selbst nicht gerechnet habe. Doch die Ideen waren da; ich brauchte sie praktisch nur noch umzusetzen!

Nun bin ich Autorin. Dies ist mein mittlerweile drittes Werk. Es war eine sehr harte Arbeit, die sich jedoch im Endeffekt nur ausgezahlt hat. Ich habe mich frei gestrampelt. Ein Mensch kann durchaus seine persönlichen Vorstellungen verfolgen und auch durchsetzen. Meine Vorstellung war es, die eigenen Erfahrungen an andere Menschen weiter zu geben, Aufklärungsarbeit zu leisten und sie zu eigenen Schritten zu ermutigen. Fernerhin wünsche ich den persönlich betroffenen Menschen viel Glück und hoffe, dass es ihnen ebenfalls gelingt, ihre kleinen Chancen zu nutzen!

Wencke H., im Mai 2017

Inhalt

Vorwort 5

Der cholerische »*Mâitre*« 9

Wechsel in Metall 20

Verheizt und ausgebrannt 26

Total daneben! 39

In der Demontage 44

Urlaub – das können Sie vergessen! 49

Thema: Arbeitszeugnisse 53

Diplom-Sozialarbeiter »*de Luxe*« 58

Mein Praktikum im Zoohandel 60

Sie sind zu alt! 65

Trostpreis: Verkaufstraining 71

Rund herum im Ringelreihen 75

Hartz IV-Gesetzgebung 151

Ihre Rechte 153

Nachwort und Danksagung 154

Abschließende Worte der Autorin Wencke H. 159

Der cholerische »*Mâitre*«

Mein erster Arbeitsberater, Herr K., war bereits ein echter Burner. Jedes Mal, wenn ein Termin bei ihm anberaumt war, flatterten mir schon Tage im Voraus die Nerven. Der Gedanke, ihm wieder gegenüber sitzen zu müssen, erfüllte mich mit tiefstem Abscheu. In der Nacht vor den Terminen fand ich keinen Schlaf, wälzte mich ruhelos hin und her, von einer Seite auf die Andere. Am Morgen überkam mich der Brechreiz; es gelang mir kaum, auch nur einen Bissen herunter zu bringen. Mein Mund war trocken, das Herz raste, die Kehle war wie zugeschnürt. *Denn Herr K. hatte eine unangenehme Angewohnheit:* Er starrte mir ständig in den Ausschnitt!

Schon vorher überlegte ich, was ich mir zu den Terminen anziehen sollte, um mein Dekolleté möglichst zu kaschieren. Lagen die Termine in der Winterzeit, trug ich meist einen Rollkragenpulli. In den Sommermonaten reichte ein dünner Schal aus Chiffon über einem dickeren T-Shirt drapiert. Hin und wieder vergaß ich es aber auch, vor Allem während der heißen Hochsommerperiode. Kaum saß ich im Büro, bekam Herr K. bereits einen langen Hals und Stielaugen. Es war einfach nur widerlich…

Herr K., mein damaliger Arbeitsberater, wollte mich unbedingt in einer zweijährigen HOGA-Maßnahme haben, trotzdem ich ihm zuvor bereits mehrmals erwähnt hatte, dass ich statt Dessen liebend gerne an einem Metallerlehrgang teilnehmen wolle. Kochen liegt mir nämlich wirklich nicht. Es hat mir auch noch nie gelegen. Handwerklich dagegen war ich da schon wesentlich findiger. Dieser Bereich interessierte mich sehr, doch Herr K. überging meine persönlichen Vorstellungen und stellte mir eine Bescheinigung für die HOGA-Maßnahme aus. Er meinte süffisant: »Ach, das ist gar nicht so schwer. Den Lehrgang können Sie praktisch im Liegen erledigen. Dort lernen Sie, wie man ein paar einfache Soßen anrührt, Pudding dekoriert und Obst schneidet. Für Anfänger bestens geeignet. Alles nur Kleinigkeiten. Machen Sie sich da man keine Sorgen, mein Deern. Das kleine Bisschen schaffen Sie locker mit links…«

Wie »*locker*« die HOGA-Maßnahme dann tatsächlich war, erfuhr ich gleich am ersten Tag im Ausbildungsgebäude. Sämtliche Teilnehmer versammelten sich im Unterrichtsraum. Einige waren schon länger dabei; sie trugen Küchenbekleidung und hatten bereits Gesichter wie sieben Tage Regenwetter!

Ein untersetzter, blonder Mann mit Fettfrisur betrat den Raum und postierte sich wie ein Kasernen-Feldwebel vor die Tafel. Es war Herr B., der Ausbilder. Wir Neuen konnten uns aussuchen, in welchem Bereich wir arbeiten wollten. Es gab nur zwei Alternativen. Entweder Küche oder Service. Ich entschied mich für den Service. Es war das deutlich kleinere Übel. Die angehenden Smutjes mussten ihre Konfektionsgrößen angeben und bekamen entsprechende Kittel überreicht. Die Serviceleute bekamen Gutscheine ausgehändigt, die sie in einem speziellen Geschäft gegen Kellnerbekleidung einlösen sollten. Herr B., der Obersmutje, war ein richtiger Spieß mit ausgeprägtem, sanguinischem Temperament. Ein wahrer Heißsporn. Er erklärte den neuen Kombüsenmitarbeitern im strengen, zackigen Tonfall, dass bei diesem Lehrgang umfangreiche Kenntnisse in der »*Novelle Cuisine*« vermittelt würden, also in der Kunst der feinen Küche. Wir sollten uns also gehörigst auf den Hosenboden setzen. Falls nicht, könne es sehr unangenehm werden. Bei ihm sei noch Niemand gescheitert. Nach Beendigung der Maßnahme gebe es eine Prüfung vor der Industrie- und Handelskammer. Damit könnten wir in jedem feinen Hotel unterkommen!

Novelle Cuisine - mir drehte sich schon alleine beim Klang dieses Begriffes der Magen um!

Alles, was ich bislang beherrschte, war mit äußerster Mühe und Not etwas bürgerliche Küche. *Was hatte ich denn mit meinen gerade ein Mal Mitte Zwanzig großartig drauf?* Daheim im Elternhaus hatte ich nie an den Kochtopf oder an die Pfanne gedurft. Meine sehr bescheidenen Küchenkenntnisse bestanden zum Großteil aus Kartoffeln schälen, Zwiebeln schneiden, Möhren schaben, Eier pellen und Nudeln kochen. Privat kochte ich ausschließlich nach Rezept. All das hatte ich Herrn K., meinem Arbeitsberater, auch wahrheitsgemäß gesagt. Und nun kam er mir gleich mit »*Novelle Cuisine*« daher!

Soßen anrühren, Pudding garnieren, Obst schneiden – er hatte mich also ganz bewusst belogen!

Die Tage begannen mit theoretischem Unterricht. Herr B. unterrichtete uns höchstpersönlich. Wir lernten, was »*Pomme de Terre*« sind, nämlich Kartoffeln. »*Pomme gaufrette*« sind zum Beispiel Waffelkartoffeln. »*Mise en place*« bedeutete, dass die Servierer im Speisesaal schon erste Vorbereitungen für die Mittagsgäste trafen, also Teller, Besteck, Tassen, Gläser, Pfeffer, Salz und Servietten bereit stellten. Wir nannten es immer »*Mist am Platz*«. Dazu gehörte auch das perfekte Eindecken der Tische. Herr B., der »*Chef de Cuisine*«, nahm es sehr genau. Er bestand praktisch auf perfekte Millimeterarbeit. Dass er nicht mit dem Lineal daher kam, war Alles. Mit ihm war wahrhaftig nicht gut Kirschen essen. Ständig brüllte er auf Französisch mit irgend einem neuen Teilnehmer herum. Meistens röhrte er im Küchenbereich. Man konnte es bis in die Kantine hören. *Der kleinste Fehler - und es rauschte mächtig im Tannenwald!* Hin und wieder wurde eine Suppenkelle zum Wurfgeschoss und landete scheppernd auf dem Boden. Mehr als ein Mal stürmte ein zornroter Moses oder ein armes Kaltmamsellchen tränenüberströmt durch den Gang in Richtung Toilette. *Donnerhacke - die meisten Teilnehmer waren ganz gewöhnliche Hauptschüler!* Kaum Jemand von uns beherrschte auch nur die leisesten Grundkenntnisse der französischen Sprache. Jens, einer der Teilnehmer, gab nach wenigen Tagen auf und ging. Er konnte diesen Stress und den weit mehr als lautstarken Drill nicht mehr ertragen. Wir Anderen nannten Herrn B. immer nur klammheimlich den »*Brüllaffen*«. Wegen seiner ständig fettigen, dicken blonden Haarsträhnen und seiner Vorliebe für Kartoffelgerichte wurde er auch »*Frittenkopf*« oder »*Potato Fritze*« genannt!

Ständig setzte er voraus, dass sämtliche Teilnehmer diese Umschulung freiwillig absolvierten. Das war aber absolut nicht richtig. Einige der Leute hätten liebend gerne eine völlig andere berufliche Richtung eingeschlagen und in diesen jeweiligen Bereichen eine

Umschulung absolviert. Lehrgänge und Plätze waren genügend vorhanden, sogar im gleichen Gebäude. Einstieg monatlich. So gab es zum Beispiel noch die Bereiche Farbe, Elektro, Metall und Holz. Die Arbeitsberater hatten jedoch über die Köpfe der Leute hinweg anders entschieden und sie in diese HOGA-Umschulung gezwungen. Geeignete Maßnahmen wurden ihnen schlichtweg verwehrt, trotzdem es ohne Weiteres machbar gewesen wäre. Genau, wie es bei mir der Fall war. Wenn dir Etwas absolut nicht liegt, hast du auch keine Freude daran. Es artet nur noch in reinen Stress aus. Schon morgens flatterten Hände und Nerven...

Speedy zum Beispiel war ein solcher Fall. *Genauer gesagt:* Er war ein Extremfall! Eigentlich hieß er Peer. Ein ganz junger Spund noch, gerade ein Mal Anfang Zwanzig. Er gehörte zu den Serviceleuten. Ständig war er übernervös und flatterig, aus Angst, ihm könne ein Fehler unterlaufen. Jeden Morgen erschien er bereits im Unterrichtsraum wie ein Schaf, das zur Schlachtbank musste. Die Tränen standen ihm in den Augen, die Lippen bebten, die blanke Panik sprang ihm aus dem Gesicht. Peers Hände flatterten ständig unkontrolliert, als hätte er eine Ladung Speed eingeworfen, also ein Aufputschmittel. Daher auch der Spitzname »*Speedy*«. Er hatte jedoch kein Medikamentenproblem, sondern schlicht eine wahnsinnige Angst vor der Reaktion des »*Chefs*«. Gerade darum passierte ihm aber auch laufend irgend ein dickes Vaux pas. Die angespannten Nerven versagten ihm schlankweg den Dienst. Ein Supergau folgte dem Nächsten. Mal bekleckerte Speedy sich von Oben bis Unten mit Kaffee oder Ketchup, mal rasselten ihm in der Kantine vor den Augen der Gäste, die aus den anderen Abteilungen zum Essen saßen, die vollen Teller vom Unterarm. Es gab ein lautes Geschepper; die Scherben, die Sauce und das Gemüse spritzten nur so über den Boden. Sofort kam der Obersmutje mit hochrotem Kopf aus der Kombüse geschossen, zog Speedy flott hinaus in den Gang und stauchte, röhrte und orgelte den armen Teufel wieder ein Mal lautstark nach allen Regeln der Kunst zusammen!

Eines schönen Mittags hatte Peer ausgerechnet den Meistertisch in seinem Revier. Herr S. aus der Holzabteilung, Herr K. von den Farben und Herr G. aus dem Elektrolehrgang saßen zu Tisch - *in-*

clusive unserem »Mâitre«, dem Brüllaffen!

Speedy sollte die Messe bedienen; er war aufgeregt wie noch nie! Das Mittagsmenü schaffte er auch noch halbwegs anständig zu servieren. Dann aber bestellte Herr G., der Elektromeister, unglücklicherweise noch ein Sahnedessert. Dieses wurde auf einem kleinen Tellerchen gebracht, auf dem ein langstieliges Glas stand, in dem sich die cremige Nascherei befand. Speedy, nur glücklich, dass diesmal kein nennenswerter Supergau passiert war, servierte das Dessert und stellte es auch höflich vor Herrn G. ab. Er schlug beflissen und stolz die Hacken zusammen, drehte sich strahlend um und wollte zurück zu seinem Platz. Mitten in der Drehung aber kam er ungeschickterweise mit der Hand gegen das Glas - *und der ganze süße Segen kippte dem Elektromeister in den Schoß*!

Der Obersmutje sprang hoch, schnappte sich den armen Speedy und dann gab es das nächste dicke Donnerwetter!

Wenige Tage später war Peer fort. Er war diesem HOGA-Lehrgang einfach nicht gewachsen…

Heinrich, mein Mann, war damals zeitgleich in dem Elektrolehrgang und dort ebenfalls komplett fehl am Platze. Er war schon damals stark kurzsichtig, hatte im Jahre 1976 auch bereits eine Hornhautablösung, an der er operiert worden war. Das räumliche Sehen besaß er schon seit Jahren nicht mehr. Dazu kommt noch, dass er farbenblind ist. Entsprechende Bescheinigungen lagen auch vor. Ungeachtet Dessen hatte ihn Herr K., unser Arbeitsberater, in den Elektrolehrgang gestopft!

Nachdem mein Mann sich mehrmals mit dem Lötkolben die Finger angesengt hatte, flog das Gerät im hohen Bogen aus dem offenen Fenster in den Fluss - *und Heinrich endlich aus dem Lehrgang!*

Statt Dessen wurde er in den Bereich Holz versetzt, was es im Endeffekt auch nicht besser machte. Fast hätte er sich mit dem Stechbeitel einen Finger abgetrennt…

Heinrich war während seiner Maßnahme auch öfter in die Kantine zum Essen gekommen. Er hatte die lautstarken Aktionen unseres »*Mâitres*« daher bereits mehr als deutlich mitbekommen und ihn entsprechend vorgewarnt. Herr B. solle sich ja nicht einfallen lassen, mich ein Mal so anzubrüllen. Falls ja, würde er Ananas, Bananen, Gurken und Melonen zu schlucken bekommen - *und zwar als ganze Früchte!*

Herr B. nahm sich das zu Herzen und riss sich daher mir gegenüber hübsch ordentlich zusammen…

Eine Musterschülerin war ich mit Sicherheit nicht. Ganz im Gegenteil. Ich war todunglücklich. Ständig diese mir total unbekannten französischen Begriffe. *Tournieren, Bruléé, Salatier, Carcasse, Flambéé, Entre côte, Château briand, Bœf bourguignon, Sofléé, Chinoir, Pâtisserie, Entremêtier, Crépe suzette, Mise en place, Friséé, Bain marie…* der Kopf qualmte und rauschte nur so; die Worte und Fachausdrücke, die einfach um´s Verrecken nicht hängen bleiben wollten, überschlugen sich förmlich in meinem Schädel, purzelten unkontrolliert kreuz und quer durcheinander, ohne jemals irgend einen klaren Sinn zu ergeben. Fast täglich kamen neue Fachbegriffe hinzu. Dazu die ständige Brüllerei des »*Maitres*«, so wohl in der Lehrkombüse als auch im Unterrichtsraum. Jeder neue Tag war eine einzige, nicht endenwollende Quälerei. Novelle cuisine war und blieb für mich ein Buch mit sieben Siegeln. So verkackte ich auch praktisch permanent jede schriftliche Prüfung. Es war nun ein Mal einfach nicht meine Werft!

Selbst das Servieren in der Großkantine gestaltete sich oft genug zum reinsten Spießrutenlaufen. Besonders, wenn es Herrn K., unserem Arbeitsberater, einfiel, mal wieder auf ein Essen vorbei zu schauen. Und er kam nicht gerade selten. Ich lief in meinem Kellnerkostümchen mit den vollen Tellern auf dem Arm jonglierend durch den Speisesaal und bemühte mich, sein pausenloses Geschiele und Geglotze geflissentlich zu übersehen. Ständig starrte er den weiblichen Bedienungen nach. Gewöhnlich saß er mit den Meistern zusammen. Natürlich platzierte er sich stets so, dass er den ganzen Saal mühelos überblicken konnte. Selbst meinen Mitstreiterinnen fiel es deutlich auf. Niemand bediente gerne in seinem

Revier.

So was lebte - und Klaus Störtebeker musste sterben...

Herr B., unser Obersmutje und »*Mâitre*«, hatte öfters einen guten Freund zu Gast. Der wollte gerne plaudern und hielt die Leute dadurch nur von der Arbeit ab. Plauderte ich kurz mit, bekam ich 50 Pfennig Trinkgeld von ihm. Wenn ich freundlich lächelte, konnte es auch schon mal eine Mark sein. Eines Tages aber hatte ich morgens im theoretischen Unterricht wieder ein Mal eine schriftliche Prüfung hoffnungslos verkackt, von der ich mir zuvor hundertprozentig sicher gewesen war, sie diesmal zu schaffen. Außerdem hatte mein Arbeitsberater mir am Tage zuvor wieder ein Mal weis machen wollen, dass der Metallerlehrgang komplett besetzt sei. Ich aber wusste mit Bestimmtheit, dass dem nicht so war. Nein, es waren noch ganze fünf Plätze frei!

Dieser Hühnerhabicht wollte mich erneut ganz bewusst für doof verkaufen!

Der Frust steckte mir also voll in den Knochen und ich stand an eben diesem Tag verständlicherweise total neben der Spur. Ausgerechnet den Meistertisch mit dem guten Freund des »*Chefs*« hatte ich zu bedienen, war aber sehr kurz angebunden. Das Lächeln war mir restlos vergangen. Beim Abkassieren meinte dieser Freund dann laut und deutlich: »Heute waren Sie aber wirklich unaufmerksam, Frolleinchen! Für diese schnodderige Bedienung werde ich Ihnen auch jetzt kein Trinkgeld geben! Nee, mein Deern! Das können Sie sich heute aber man fein abschminken!«

»Och, das macht nichts, Käpt´n.«, gab ich zurück, »Da machen Sie sich man keine Gedanken. Schräg gegenüber am Tisch, dort am Fenster, sitzt mein Mann. Von dem bekomme ich regelmäßig mindestens fünf Mark Trinkgeld. Auf Ihr jämmerliches Almosen kann ich daher schon getrost verzichten...«

Unserem Obersmutje fiel die Gabel aus den Fingern und landete klirrend auf dem vor ihm stehenden Teller! Er saß da wie vom Donner gerührt und starrte mich mit offenem Mund, zinnoberrotem Gesicht und riesigen blauen Augen völlig entgeistert an! *Die Worte blieben ihm buchstäblich im Halse stecken!*

Ich drehte mich vom Tisch ab und ließ die fassungslosen Männer dort sitzen…

Konsequenzen gab es keine, nee. Sicherlich hätte Herr B. liebend gerne mit mir noch einen ordentlichen Kranz geflochten. Das hätte er sich andererseits in diesem speziellen Fall aber nicht gewagt. Heinrich war ihm nämlich nicht nur ebenbürtig, sondern er war ihm über. Er konnte Menschen schon immer gut beeinflussen und lenken - *und er war anwesend im Hause!* Er hatte Herrn B. bereits auf dem Gang in einem kurzen, aber sehr eindringlichen Gespräch angekündigt, dass, falls es dem »*Mâitre*« jemals einfallen würde, mich anzubrüllen oder erst recht mit einer Suppenkelle nach mir zu werfen, sich Einer von ihnen Beiden noch am gleichen Tage im Krankenhaus wiederfinden werde. Heinrich jedenfalls wäre es garantiert nicht. Seine Warnungen waren durchaus Ernst zu nehmen. Herr B. muss es intuitiv gespürt haben und hatte irgendwie vor Heinrich einen Heidenrespekt. Er wusste, dass ihm noch Einiges bevor gestanden hätte und wollte es lieber von Vorne herein gar nicht erst darauf ankommen lassen…

Wenige Tage nach dem Kantinen-Geranze war es wieder ein Mal so weit. Es betraf Jörn-Malte, einen jungen Moses aus der Lehrkombüse. Wir vom Kellnerteam hatten eine kurze Zwischenpause und rauchten auf dem Gang noch eben eine Zigarette, bevor das Mittagsgeschäft los ging. In der Kombüse war wieder ein Mal ein ordentlicher Budenzauber im Gange. Wir dachten uns schon gar Nichts mehr dabei; es war mittlerweile schon zur reinen Gewohnheit geworden.

Plötzlich aber hörten wir ein lautes Geschepper und einen ganz erbärmlichen, gellenden Aufschrei. Alles zuckte zusammen. Jörn-Malte kam aus der Lehrkombüse gestürmt. Er bebte am ganzen Körper. Sein Kittel war über und über mit braunen Sprenkeln übersät, selbst aus den Haaren tropfte es! Wir fragten entgeistert, was denn geschehen sei.

»*Ey... der Spieß ist ja wohl echt hacke!*«, keifte Jörn-Malte mit zornrotem Gesicht, »*Der hat mir soeben einen halbvollen Soßenpott ins Kreuz gepfeffert, das ist los! Ja, guckt mich doch mal an! Dem hat doch Einer ins Gehirn geschissen! Ich zieh' mich jetzt um und dann ist für mich endgültig Schicht! Der hat doch echt Motten im Sack! Der Spacken kriegt von mir 'ne Anzeige, die sich gewaschen hat! Den zerr' ich jetzt vor den Kadi! Dieser Hirni hat doch hochkarätig Einen an der Murmel…«*

Schon hatte Jörn-Malte sich abgedreht und stürmte bebend und brüllend in Richtung Umkleide!

Kurz darauf muss wohl die Polizei im Hause gewesen sein. Gesehen haben wir vom Kellnerteam sie nicht, da das Mittagsgeschäft in vollem Gange war. Allerdings hörten wir die blechernen Stimmen von Funkgeräten. Jörn-Malte hatte nicht lange gefackelt und wohl vom Büro der Sozialarbeiterin aus angerufen. Kurz darauf erschien Herr R., der uns bereits zwei Mal vertretungsweise unterrichtet hatte. Er setzte auch an diesem Tage den Nachmittagsunterricht fort und blieb eine Weile in unserer Runde. Unser »*Maitre*« wurde in den nächsten Tagen zu Nächst ein Mal bis auf Weiteres nicht mehr gesehen.

Jörn-Malte allerdings ward überhaupt nicht mehr gesehen…

Wie dem auch sei: Wir standen nach diesem Vorfall total unter Schock. Herr B. hatte in seiner Eigenschaft als Ausbilder nun eindeutig weit über die Toppen geflaggt. Er nahm sich selbst viel zu wichtig. Irgendwie war ihm diesmal wirklich die Sicherung durchgeknallt. Dennoch wagte es Niemand, diese Maßnahme abzubrechen, aus Angst, dann die Arbeitslosenhilfe gekürzt oder sogar gesperrt zu bekommen. Ich selbst hatte nun auch schon viereinhalb Monate durchgehalten. Als nach wenigen Tagen Herr B. dann wieder im Rahmen stand, war für mich der endgültige Punkt erreicht. *Es ging nicht mehr!*

Bis zur Frühstückspause hielt ich noch durch. Dann ging ich zum Büro von Frau F., unserer Sozialarbeiterin und sagte ihr, sie solle auf der Stelle meinen Arbeitsberater, Herrn K., anrufen. Ich wolle so flott als möglich in den Metallerbereich - *und zwar schneller als der Schall!*

Frau F. bat mich, draußen zu warten. Ich solle mir in Ruhe einen

Kaffee trinken; sie gäbe mir gleich Bescheid. Kurz darauf rief sie mich hinein und sagte, sie habe mit Herrn K. gesprochen. Leider seien sämtliche Plätze im Metallerlehrgang schon ausgebucht.

»*Nee*«, fletschte ich, »*das stimmt schon man gar nicht!* Das weiß ich zufälligerweise unmittelbar aus erster Hand. Gerade gestern nachmittag noch habe ich mit dem Ausbilder aus dieser Abteilung gesprochen. Der hat extra noch in seine Liste gesehen. Es sind aktuell sogar mehrere Plätze frei - *und neue Teilnehmer ebenfalls noch nicht vorgesehen!* Ich lass′ mich nicht länger verschaukeln von dem. Von Monat zu Monat ist angeblich komplett Alles ausgebucht - *und ständig sind noch Plätze frei!* Rufen Sie jetzt gleich noch mal an und sagen Sie dieser komischen Sprotte, dass ich noch innerhalb dieses Monats eine schriftliche Bescheinigung für den Metaller-Lehrgang will. *Ich hab′ die Schnauze gestrichen voll!* Ich mach′ nicht mehr sein verdammter Moses! *Ach, und noch Eines:* Sollte er sich jetzt immer noch dagegen stemmen, werde ich umgehend eine Dienstaufsichtsbeschwerde gegen ihn einleiten! *Das mach′ ich auch knallhart! Sagen Sie ihm das!*«

Draußen steckte ich mir erst ein Mal mit zitternden Händen eine Zigarette an und nahm einige tiefe Züge, um die angespannten Nerven zu beruhigen. Aus dem Büro klang undeutlich die Stimme von Frau F. Ich wollte es nicht hören und tigerte unruhig durch den Gang. Nach wenigen Minuten rief Frau F. mich erneut zu sich. Sie lächelte mir zu und nickte!

»Ab dem kommenden Monat sind Sie im Metaller-Lehrgang! Herr K. macht jetzt gleich eben die Bescheinigung fertig und schickt sie heute noch an Ihre Adresse. Spätestens übermorgen haben Sie es schriftlich…«

Na also - es ging doch!

Während ich einige sehr begeisterte Luftsprünge machte und jubelte, ging die Sozialarbeiterin sogleich in Richtung Lehrküche und gab auch schon dem Obersmutje Bescheid. *Zwei Tage später hatte ich die neue Bescheinigung!*

Knapp zweieinhalb Wochen musste ich jetzt noch durchhalten. Am theoretischen Unterricht brauchte ich allerdings nicht mehr teilzunehmen, eben so wenig wie ich noch bedienen musste. Statt Dessen verbrachte ich die Stunden in dem kleinen Bügelraum, mangelte und faltete Spültücher, Stoffservietten und Tischdecken und bügelte die frisch gewaschene Dienstbekleidung der Kombüsenleute. *Kein Zusammenaddieren von Broteinheiten und Kilojouls mehr, kein Kalorienzählen mehr, keine Vitaminangaben mehr, keine französischen Fachausdrücke mehr, kein Gemeckere der Gäste!* Meine Kellnertracht übergab ich Anna, einer sehr lieben Kantinenkraft, die ebenfalls meine Konfektionsgröße hatte. Ab sofort galt für mich nämlich die Zivilkleidung. Die Pausenzeiten konnte ich mir nun ebenfalls selbst einteilen. Hauptsache, die Arbeit war anständig und wurde fertig. Und das war sie immer. Es gab keinerlei Beanstandungen. Hin und wieder hörte ich aus dem Bügelraum heraus Herrn B.s Gebrülle durch den Gang hallen und machte mir so meine Gedanken. *Donnerhacke - der Hitzkopf musste sich aber wirklich fein heraus gewunden haben, dass er wieder unterrichten kam!*

Während die armen HOGA-Teilnehmer mit klammen Händen und in Schweiß gebadet im Unterricht saßen und für ihre Prüfungen büffelten, saß ich bei der Arbeit an der Mangel oder mal eben draußen auf einen Kakao und eine kurze Zigarette im Gang. Irgendwie musste ich diese letzten Tage ja noch herum bekommen. Gut, einerseits taten mir die HOGA-Leute wirklich verflixt Leid, aber andererseits konnte ich sie wiederum auch nicht bedauern. Wenn sie einfach nicht unter einen Hut zu kriegen waren und sich lieber auch weiterhin der entwürdigenden Brüllerei und der Handgemeinheiten sang- und klanglos aussetzen wollten, war es doch ihre persönliche Sache. Das zeigt lediglich, dass der wahre Teamgeist und die Kameradschaft in der Gruppe fehlten. Zu Mindest die unmittelbaren Augenzeugen hätten ja gegen den Ausbilder aussagen können. *Denn man kann sich wehren, auch mit Worten!*

Man muss es nur wollen…

Wechsel in Metall

Anfang des darauf folgenden Monats wechselte ich in den Metaller-Lehrgang, der sich eine Etage tiefer befand. Der dortige Ausbilder, Herr M., strahlte mich erfreut an und überreichte mir zwei Blaumänner und ein Paar Sicherheitsschuhe. Stolz ging ich zur Umkleide, kam wenige Minuten später als Metallerin wieder heraus und marschierte in die Werkshalle! Meine neuen Kollegen wussten schon Bescheid. Die Meisten davon waren Männer. Zur Begrüßung gab es erst ein Mal zünftiges Gegröhle und Schulterklopfen!

Auch in diesem Lehrgang hatten wir morgens erst ein Mal theoretischen Unterricht. Nun war ich voll bei der Sache, wenn es um die Funktion eines Messschiebers, das Bedienen einer Maschinenhubsäge oder ums Anreißen, Körnen und Bohren von Tiefziehblechen ging. Überhaupt war die Atmosphäre eine ganz Andere. Herr M. unterrichtete ganz entspannt und locker und ließ auch hin und wieder mal den einen oder auch anderen lustigen Scherz heraus. Sehr bald konnte ich eine Schruppfeile von einer Schlichtfeile unterscheiden und wusste, was ein Nonius ist. Nämlich ein Zehntelmillimeter. Ich muss sagen, der Unterricht fiel mir wirklich leicht, eben so der praktische Teil. Ich konnte mit den Händen arbeiten und richtig kreative Kunstwerke schaffen. Meister und Kollegen erkannten mich voll und ganz als Mitglied an, nicht zu Letzt, weil ich freiwillig kam! Bald schon war ich das »*Team-Maskottchen*«!

Nach kurzer Zeit stand ich an der Drehbank und fertigte zwei hübsche, silbrig glänzende Kerzenständer an. Diese durfte ich auch behalten. Hin und wieder hörten wir, wie es eine Etage über uns schepperte oder wie der *"Mâitre"* einen seiner sanguinischen, lautstarken »*Ausfälle*« hatte. Meine Kollegen begannen wieder zu gröhlen und zu feixen. Ich dagegen konnte gar nicht darüber lachen und sagte ihnen, dass sie nur von Herzen froh sein könnten, nicht dort Oben gelandet zu sein. Die Feixerei würde ihnen mit an Sicherheit grenzender Wahrscheinlichkeit sehr schnell vergehen!

Ab und an gingen Einige von uns auch schon mal hoch in die Kantine zum Mittagessen. Mir stand dieser Raum nur noch bis nach Achtern. Gewöhnlich aß ich mein Brot unten an unserem großen Tisch in der Werkshalle. Ein Mal aber stand ein Gericht auf der Karte, das ich mir auf gar keinen Fall entgehen lassen wollte: *Gedünsteter Kabeljau mit Pellkartoffeln, Senfsauce und einem Salat!*

Den halben Vormittag schon lief mir das Wasser im Munde zusammen. Kaum begann die Pause, sprang ich flott in den Aufzug und fuhr eine Etage höher. *Ja, man musste sich schon ziemlich beeilen, wollte man noch einen leeren Platz ergattern!* Aus sämtlichen Lehrgangsbereichen kamen die hungrigen Teilnehmer/innen herein gestürmt! Am Fenster waren noch drei Plätze frei. Schnell sauste ich auf einen leeren Stuhl zu. Jördis kam an den Tisch und ich bestellte eine Portion Kabeljau und ein großes Glas Cola. Während des Essens ließ ich meinen Blick durch den Speisesaal wandern. Herr K., unser Arbeitsberater, saß auch mal wieder bei den Meistern, spachtelte sich das Essen hinein und schnackte den Tischgenossen einen Knopf an die Backe. *Hatte der eigentlich kein Zuhause?*

Jördis lief mit vollen Tellern durch den Saal, nickte und grinste mir im Vorbeilaufen verstohlen zu. Später kam sie, um zu kassieren. Ich prustete und nickte mit dem Kinn zum Meistertisch hinüber.

»Ja, ich hab´ ihn schon gesehen…«, kicherte Jördis verhalten, »der Teddybär-Arsch pröfft sich mal wieder voll bis zum Stehkragen. Irgendwann explodiert er noch mal. Bin nur froh, heute nicht in seinem Revier bedienen zu müssen. Irgendwann kleben seine Augäpfel noch bei mir im Ausschnitt…«

Aha - sie hatte ebenfalls einschlägige Erfahrungen!

Ich trank mein Glas aus, stand auf und marschierte - *in meinem Blaumann und mit Lineal und Werkzeug, das deutlich sichtbar aus den Seitentaschen ragte* - stramm an der Messe vorbei in Richtung Ausgang. Herr K. hatte es bemerkt, drehte sich zu mir um und musterte mich von Oben bis Unten!

»Also, um ehrlich zu sein«, schmunzelte er, »das hübsche Kellnerkleidchen stand Ihnen aber um etliche Klassen besser!«

»Schon möglich…«, gab ich zur Antwort, »dafür stand mir dieser

HOGA-Lehrgang jedoch um etliche Klassen weniger!«

Angewidert rauschte ich aus dem Speisesaal hinaus in den Gang und machte flott die Mücke…

Mein handwerkliches Geschick sprach sich in den Abteilungen sehr schnell herum. Schon bald machte unser Ausbilder mir den Vorschlag, ich könne mich doch, wenn ich Interesse hätte, auch gerne mal für eine Woche im Holzlehrgang erproben. *Ja - warum eigentlich nicht?*

Herr M. sprach mit Herrn S. aus dem Holzlehrgang und in der Woche darauf stand ich dann mit Holzhammer, Stechbeitel und einer herrlich kreativen Idee vor einem dicken, großen Brett aus Lindenholz. Der Einfall war mir ganz spontan am Wochenende gekommen. Ein Reliefbild sollte geschaffen werden. Die entsprechenden Umrisse hatte ich bereits säuberlich aufgezeichnet. Das Brett wurde mit kräftigen Schraubzwingen gehalten. Jetzt flogen so richtig die Späne. *Im Laufe des Mittags schälten sich die ersten erkennbaren Konturen eines Wikinger-Drachenbootes aus dem Brett heraus!*

Herr S. ließ sich zwischendurch immer mal wieder blicken, um mein Werk in Augenschein zu nehmen. Kurz darauf erschienen dann auch die ersten Metaller unten in der Holzabteilung. *Meister inclusive!* So langsam wurde ich übermütig. *Dieses Tiefrelief sollte echt der Knaller werden!*

Während der Mittagspause in der Kantine bekam ich mit, wie am Meistertisch die Köpfe zusammengesteckt wurden und ab und an einige verstohlene Blicke zu mir hinüber wanderten. *Aha - Mundpropaganda!* Im Anschluss an die Pause arbeitete ich nur um so konzentrierter weiter, ließ mir von Herrn S. sehr feines Schmirgelpapier geben und glättete die bereits ausgebeitelten Kanten fein säuberlich rund. Der Ehrgeiz hatte mich gepackt; ich tobte mich so richtig herrlich aus. Mitten in der tiefsten Konzentration bemerkte ich plötzlich aus dem Augenwinkel etwas Weißes neben mir. *Der Obersmutje stand neben der Werkbank, umringt von einigen Kombüsenleuten!*

»Ja«, bemerkte er mit anerkennendem Nicken, »ich denke, der

Lehrgangswechsel war wohl doch gar nicht so übel. Das hätte ich nicht für möglich gehalten…«

Zwei Tage darauf sprach mich oben auf dem Gang Herr K., mein Arbeitsberater, an. Er meinte, man könne mein Werk, wenn es fertig sei, doch als Ausstellungsstück für die Kantine nehmen. Ob ich es dem Haus nicht schenken wolle? *Hä? Er hatte sich doch überhaupt niemals in der Holzabteilung blicken lassen!* Später sprach ich Herrn S. darauf an. Doch, meinte er. Herr K. sei während der Pausenzeiten, als ich gerade zu Tisch saß, schon mehrmals herein geschlichen, um sich das Ganze mal aus unmittelbarer Nähe zu betrachten. *Wenn es nach ihm gegangen wäre, hätte er sich das Reliefbild wohl am Liebsten selbst unter den Nagel gerissen!*

Natürlich wurde das Werk nicht in der Kantine ausgestellt. Nach Abschluss dieser Woche nahm ich das fertige Wikinger-Drachenboot aber ganz flott mit nach Hause…

Der Lehrgang in Metall ging ein Jahr. Ein zweiwöchiges Betriebspraktikum war ebenfalls vorgesehen. Ich ging in eine Kartonagenfabrik und bereute meinen Entschluss sehr schnell. Es war reine Akkordmaloche am Fließband. Stickige Halle, Abpacken und stapeln. *Zackzack!* Zum Ende des Praktikums fragte man mich, ob ich nicht noch ausnahmsweise eine Woche länger blciben könne, weil gerade ein Großauftrag hinein gekommen sei. Man würde mich für diese eine Woche auch auszahlen!

Gut, der Träger des Lehrgangs war einverstanden und ich hielt diese eine Woche noch mit Hängen und Würgen durch. Anschließend jedoch war von einer Bezahlung plötzlich keine Rede mehr. Dagegen angehen konnte ich leider nicht, da der entsprechende Nachweis fehlte. *Mist,* dachte ich, *du hättest es dir wirklich zuvor schriftlich geben lassen sollen!* Wieder ein Mal war ich um eine Erfahrung reicher…

Dann war der Metallerlehrgang beendet und ich wurde mit großem Lob und Anerkennung verabschiedet!

Daheim auf meinem Wohnzimmertisch standen nun zwei hübsche, metallene Kerzenständer, in der Zimmerecke leuchtete eine verschnörkelte und lackierte Stehlampe aus Tiefziehblech und an der Wand über der Couch prangte das stolze Wikinger-Drachenboot!

Beruflich jedoch hatte mich diese Maßnahme in keiner Weise weiter gebracht. Wo immer ich mich auch vorstellte, es kam die ewig selbe alte Leier. Die erworbenen Kenntnisse reichten einfach bei Weitem nicht aus - *»immenser Mangel an Qualifikation«!*

Zu Mindest war ich wieder ein Mal für ein Jahr aus der Arbeitslosenstatistik heraus gefallen…

Einige Monate später lief mir in der Innenstadt Heiko, ein ehemaliges Mitglied aus der HOGA-Gang, über den Weg. Als ich fragte, wie es voran ging, griente er: »Läuft jetzt bedeutend besser. Ist richtig ruhig und friedlich bei uns geworden. Herr R. schmeißt jetzt dauerhaft den Unterricht. Der Obersmutje ist weg vom Fenster…«

Nee - das konnte jetzt nicht wahr sein! »Wie… sag´ bloß?«, staunte ich, »Habt ihr ihn endlich geschafft?«

»*Nee!*«, schmunzelte er, »*Der Idiot hat sich selbst geschafft!* Der hatte einen richtig spektakulären Abgang! Wir hatten an dem Tag eine Delegation Hotelfachleute zu Gast und mussten uns jetzt natürlich ganz besonders in die Wanten werfen. Dörte hatte in der Aufregung die Avocados schief und krumm geschnitten und da hat der Obersmutje einen Tobsuchtsanfall gekriegt und ihr mit voller Wucht eine Pfanne auf den Fuß gepfeffert! Zwei Zehen waren angeknackst…«

Ich hielt die Luft an!

»Tja…«, meinte Heiko, »er hatte diesmal halt das Pech, dass der Käpt´n es höchstpersönlich mitbekam. Der kam nämlich gerade in diesem Augenblick aus dem Gang in die Kombüse, als das Gebrülle wieder anfing. Und du weißt ja selbst, dass der sich eigentlich nie in der Lehrkombüse blicken lässt. Wenn er sich überhaupt mal auf den Etagen zeigt. Gewöhnlich verschanzt der sich ja gemütlich in seinem Büro und schaukelt sich behaglich den Bauch. Ausgerechnet an dem Tag aber hat er sich unerwartet blicken lassen. Er hatte jedenfalls das Geschrei gehört und wollte nachspöken, was denn da los war. Naja, und just in dem Augenblick, als er die Kombüse betritt, knallt der Frittenkopf der Dörte die Pfanne auf den Fuß…«

»Und wie ging es weiter?«, fragte ich gespannt.

»*Na, wie wohl?*«, schnaubte Heiko, »Unser sehr verehrter Obermotz hat den durchgeknallten Esel gleich hoch in sein Büro beordert. Dörte zog sich um, humpelte heimwärts und kam nie wieder. Knapp zwanzig Minuten später stand Herr R. auf der Matte und übernahm. Tja, und den haben wir bis heute. Ein paar Monate sind das schon. Der Frittenkopf wurde jedenfalls nie mehr gesehen…«

Aha, schoss mir durch den Kopf, das ist mal wieder typisch. Wenn sich ein/e Maßnahmeteilnehmer/in über gewisse Vorfälle beklagt, passiert gewöhnlich nichts Nennenswertes. Selbst dann nicht, wenn die Polizei eingeschaltet wird. Wie es zum Beispiel im Falle von Jörn-Malte gewesen war. *Es kann mir doch Niemand allen Ernstes erzählen, dass ein Polizeieinsatz, der zu Stande kam, weil ein Ausbilder einem Azubi gegenüber gewalttätig geworden war, nicht bis zur obersten Chefetage durchdringt!* Ein/e Arbeitslose/r, die/der sich in einer Maßnahme befindet, wird also von Vorne herein nicht Ernst genommen. Das Wort des kleinen Michels ist völlig unbedeutend und fällt somit gewöhnlich gar nicht erst ins Gewicht. Da hatten wir es doch. *Der Herr Kapitän musste erst ein Mal höchstpersönlich Ohren- und Augenzeuge werden, damit endlich durchgegriffen wurde!*

Da mich das weit mehr als neugierig machte, stattete ich sehr bald auch der alten Metaller-Riege einen kurzen Besuch ab. Als ich Herrn M. nach dem Gerücht fragte, bekam ich die endgültige Bestätigung. Nur ein wenig anders ausgedrückt. Herr B. habe sich in beruflicher Hinsicht vor einigen Monaten »*anderweitig orientiert*«…

Nach einiger Zeit brachte ich dann übrigens außerdem in Erfahrung, dass Herr K., der Arbeitsberater, mittlerweile ebenfalls »*fortgelobt*« worden war. Ganz kielholen konnten sie ihn nicht, weil er im Beamtenverhältnis stand. Dafür war er in ein anderes Arbeitsamt strafversetzt worden - *in eine Abteilung, wo er sich nur noch mit Akten beschäftigen durfte und absolut keinerlei Publikumskontakt mehr hatte!*

Er musste wohl ein Mal zu Viel geglotzt haben…

Verheizt und ausgebrannt

Irgendwann kam dann eine Arbeitsvermittlerin auf die Idee, mich auf eine einjährige Arbeitsbeschaffungsmaßnahme in ein katholisches Altenheim zu stopfen. Dort sollte ich im Küchenbereich arbeiten, als Spülkraft. So kann es gehen. Mühsam hatte ich mich aus dem HOGA-Bereich in Metall gekämpft - *und landete letztendlich wieder als Moses in der Kombüse!*

Das Altenheim unterstand einem christlichen Orden. Dementsprechend äußerst streng und dogmatisch ging es dort natürlich auch zu. Ständig rauschten die Nonnen durchs Haus und machten die Mitarbeiterinnen darauf aufmerksam, was sie an ihrem Aussehen ändern sollten oder könnten. Alles, was einen kleinen Tuck zu »*weltlich*« war, schien ihnen nicht zu passen. Die schauten dich schon scheel von der Seite an, wenn du Lippenstift, Rouge oder Lidschatten aufgelegt hattest!

Schmuck durfte im Küchenbereich nicht getragen werden. Das ist aus hygienischer Sicht auch absolut verständlich. Selbst Trauringe mussten abgenommen werden. Für die Nonnen allerdings schien das nicht zu gelten. Auch sie trugen einen Trauring. *Sie waren mit ihrem Herrn Jesus »vermählt«!*

Wie oft machte die eine oder andere Nonne Küchendienst und arbeitete mit Trauring - *ohne, dass irgend Jemand auch nur den geringsten Anstoß daran nahm!* Zwischendurch arbeiteten sie ständig mit alten, kranken Menschen, wischten Erbrochenes, putzten und windelten. Schnell konnte man sich da Etwas weg holen und auf Gesunde übertragen. Zum Beispiel Salmonellen, Chigellen, Legionellen oder das berühmt-berüchtigte NORO-Virus. *Nee, da wurde die ganz große Ausnahme gemacht!*

Waren die Hände der Nonnen etwa sauberer oder hygienisch einwandfreier als die der übrigen Mitarbeiterinnen - *nur, weil ihnen etwas »Heiliges« anhaftete?*

Einem Ozeandampfer kann man ausweichen - einem Bazillus leider nicht…

Die Nonnen jedoch waren im Grunde das kleinere Problem. Die Leiterin der Küche, Frau G., war weit schlimmer als diese Nonnen. Die hatte mich bereits auf dem Kieker gehabt, gleich, als wir uns das erste Mal vorgestellt wurden!

Frau G., konnte die Zeiten einfach nicht einteilen. Von Glasen hatte sie nicht die geringste Ahnung. Eine Stunde vor Feierabend kam sie mit schöner Regelmäßigkeit auf die Idee, noch mehrere Bleche Kuchen zu backen zu müssen. Einfach, um den Bewohnern eine Freude zu machen. Das würde sie noch wunderbar schaffen, meinte sie. Es zeigte sich mit eben so schöner Regelmäßigkeit, dass sie es halt doch nicht schaffte. Es mussten dann noch Äpfel geschnitten, Pflaumen oder Kirschen entsteint oder Rhabarber abgezogen und in Stücke geteilt werden. Diese Aufgabe übertrug Frau G. selbstverständlich auf mich. Dadurch blieben Töpfe, Pfannen, Geschirr, Besteck, Gläser, Tassen und Schalen natürlich stehen. *Es waren rund achtzig Bewohner im Hause, für die gespült werden musste!*

Ein nicht geringer Teil des Hauspersonals wurde auch noch mit verköstigt. Was da an Abwasch zusammen kam, kann man sich also mit Leichtigkeit vorstellen. Die Spülmaschine alleine reichte überhaupt nicht mehr aus. Das heißt, meine eigentliche Aufgabe kam praktisch permanent zu kurz. Ständig hinkte ich mit meiner Arbeit hinterher. Vor dem großen Spülbecken sah es dann immer aus wie Hulle. Töpfe mussten generell vorgespült werden. Die benutzten Teigschüsseln kamen zusätzlich auch noch dazu. War ich mit dem Vorbereiten des Obstes dann endlich fertig, erwartete mich das turmhohe Chaos. Schüsseln und Töpfe standen bereits auf dem glitschigen Boden verteilt. Ich stand praktisch Tag für Tag bis zum Hals in einer schmierigen Bilge. Mittlerweile hatte das Team die Kombüse gereinigt und Ordnung geschaffen. Es mussten nur noch die Kuchen ausbacken und für den kommenden Tag auf die Seite gestellt werden. Nur um die Spüle herum sah es aus wie auf einem Schlachtfeld. Ich stand da - *von Oben bis Unten triefpitschepatschenass, mit öl- und fettverschmiertem Kittel, flatternden Nerven und deutlich gurksendem Magen* - und durfte schauen, wie ich das heillose Chaos in den Griff bekam!

Die übrige Truppe dagegen schien einen immensen Vorrat an Zeit zu haben. Frau G. stand mit den festangestellten Kolleginnen in einer stillen Ecke und schnackte und gackste fast nonstop. Manchmal gingen sie nachmittags auch gemeinsam in Richtung Pausenraum, um noch eine Feierabendzigarette zu rauchen oder eine letzte Tasse Kaffee zu trinken. Ich stand da, in Schweiß gebadet, und musste alleine zuschauen, wie ich mit Allem fertig wurde. Mir war schlecht vor Hunger. Die Arbeit nahm und nahm kein Ende. Niemand bot seine Unterstützung an, nicht mal die Nonnen. Das passierte gewöhnlich mehrmals in der Woche.

Die Ordensschwestern schienen sich nicht im Geringsten darum zu scheren. Ich schien ihnen wohl eindeutig zu profan. Dabei trug ich *Mjölnir*, meinen kleinen Thorshammer-Anhänger, während des Dienstes schon peinlichst unter dem Hemd verborgen. Einer der Nonnen aber war er mal ganz kurz auf der Straße, ein ganzes Stück vom Haus entfernt, aufgefallen. Natürlich wusste sie um die Bedeutung dieses Zeichens. Sie kam mir entgegen, sprach mich mit angewidertem Gesichtsausdruck kurz auf das Schmuckstück an. Ob ich etwa meine, dass dies »*der richtige Weg*« sei. Ich hatte Feierabend, befand mich außerhalb des Hauses, brauchte Nichts mehr zu verbergen. Doch dieser kurze Blick auf den winzigen Thorshammer um meinen Hals hatte bereits genügt. *Welch ein Skandal!* Ruckzuck sprach es sich unter den Nonnen rund: *Wencke H.ist eine ausgewachsene Heidin - sie trägt das Thorszeichen!*

Peng - *ich war durch!* Den Mantel der Moralisten trug man in diesem Hause ganz offensichtlich nur zum Schein! *Toleranz gleich Null!* Das war doch in der Tat eine wahrhaft »*menschliche*« Einstellung…

Pausen konnte ich mir bei dieser Art Maloche im Grunde nur Wenige leisten, wollte ich meine Arbeit schaffen. Oft zog ich voll durch. Dementsprechend hing mir dann nachmittags natürlich der Magen in den Knien. Nach dem Mittagstisch kamen die Speisewagen von den Stationen zurück. Dann ging es los. Kartoffeln und Gemüse, Schnitzel oder Fischfilets mussten in Behälter gefüllt werden. Draußen hatten wir Schweinetonnen, die ein Mal wöchentlich von einem Landwirt abgeholt und durch saubere, leere

Tonnen ersetzt wurden. *Wehe, ich hätte mir ein kleines, halb zerfallenes Schnitzelchen oder eine zerkochte, laffe Kartoffel genommen! Das wäre bereits als Diebstahl durchgegangen!* Die Festangestellten dagegen griffen gerne zu, überließen allerdings dann mir die Aufgabe, mit laut gurksendem Magen und kurz vor dem Umkippen die vollen Eimer hinaus zu schleppen und in die Schweinetonnen umzufüllen. Hin und wieder gelang es mir dann doch, in einigen unbemerkten Augenblicken schnell vom Tablett noch ein Mal zuzugreifen, mir den einen oder anderen Brocken in den Mund zu stopfen und fast unzerkaut in aller Eile hinunter zu würgen.

Man muss sich die Situation realistisch vorstellen: An Statt einem Menschen, der fast bis zum Umfallen schuftet, ein paar kleine Häppchen zu gönnen, gab man es lieber restlos an die Schweine!

Oft genug hörte ich aus dem Pausenraum das lebhafte Geschnacke und Gelächter, wenn Frau G. und Co. wieder ein Mal gemütlich beieinander saßen, Kaffee tranken, rauchten und sich dabei austauschten. Auch mich überkam hin und wieder die Lust nach einer Zigarette. Öffnete ich dann die Türe zum Pausenraum, wurde es auf Schlag still. *Alles starrte mich an - man hätte eine Stecknadel fallen hören können!* Zum Rauchen ging ich dann lieber durch die rückwärtige Türe auf den Hof…

Eines Tages stand Frau G. am Telefon und schnackte und gackste wohl gemütlich mit wer weiß Wem herum. Ich kam gerade mit den Armen voller schmutziger, klappernder Töpfe an ihr vorbei gewackelt. Frau G. lachte in den Hörer und sagte: »Wie? Ach, das Geklapper jetzt gerade? Das war nur unsere Frau H. Die arbeitet hier auf lau…«

»*Die arbeitet nicht auf lau!*«, rief ich laut und deutlich zurück, »*Die arbeitet als ABM-Kraft und wird für ihre Tätigkeit bezahlt wie jeder Andere - außer natürlich den massiven Überstunden!*«

Für diese ehrliche Bemerkung durfte ich zur Strafe im Anschluss noch den gesamten Hinterhof fegen. Ich kam mir vor wie der »*Duracell-Hase*« - nur im Gegensatz zu ihm ohne die rettende Mega-Batterie im Arsch!

Herr S., der zuständige Hausmeister, war auch so ziemlich das Allerletzte. *Ein richtig ausgeprägter Freibeuter!* Er war verheiratet und hatte zwei Nachkommen im Teenageralter, eine Tochter und einen Sohn. Seine Ehe mit einer sehr lieben und bildhübschen Frau hielt ihn jedoch keinesfalls davon ab, ständig in unserem Hoheitsgebiet auf Kaperfahrt zu gehen!

Der war in der Tat alles Andere als prüde!

Frau G. zum Beispiel trug eines Tages mal einen Kittel, in dem sich auf Brusthöhe ein kleiner Riss befand. Im Grunde nichts Weltbewegendes. Herr S. kam an ihr vorbei, sah den Riss sofort und grinste Frau G. mit lüsternen, funkelnden Augen an!

»*He, Frau G.!*«, rief er anzüglich, »*Ihre runzligen Sahne-Tüllen hängen ja schon raus!*«

Die Küchenleiterin schüttelte kokett ihre feuerroten Locken und gackste sich über diese schmierige Bemerkung auch noch halb kaputt. *Hallo? Herr S. hatte sich soeben lautstark über ihre heraushängenden, runzligen »Sahne-Tüllen« ausgelassen!*

Aber gut, wenn das ein Grund zum Lachen war…

Jenny, dem Kombüsen-Azubi, streichelte er zum Beispiel im Vorübergehen kurz über das Gesäß. »*Ein echt knackiges Popöchen…*«, griente er dabei. *Wie ein Freier auf dem Kiez!*

Ich hätte kotzen können…

Bei mir versuchte er es ebenfalls. Es war endlich der wie üblich deutlich verspätete Feierabend. Ich hatte mich gerade umgezogen und wollte mich eben austragen. Plötzlich legte sich mir ein kräftiger Männerarm um die Hüfte!

»*Na, du kleiner Sexprotz?*«, lächelte Herr S. anzüglich und zwinkerte mir frivol zu.

Ich sah ihn mit erhobenen Augenbrauen scheinbar erstaunt von der Seite an: »Ach? Weiß Ihre Frau denn auch schon, dass ich ein kleiner Sexprotz bin?«

Herr S. ließ augenblicklich meine Hüfte los, so abrupt, als habe er sich verbrannt. Er warf mir einen mehr als verblüfften Blick zu und verschwand wortlos.

Er versuchte es nie mehr wieder…

Dann kam mein fünfundzwanzigster Geburtstag. Das Kombüsenteam kam morgens in den Gemüseraum, als ich gerade Porreestangen schnitt. Man überreichte mir feierlich einen Umschlag, stellte sich im Halbkreis um mich herum und sang mit vereinten Stimmen: »*Happy birthday to you…*«

In diesem Moment war ich richtig gerührt! Ich schaute in den Umschlag. Es befanden sich mehrere Geldscheine darin. Die Kolleginnen hatten gesammelt. Nie hätte ich angenommen, ihnen diese Geste wert zu sein!

An diesem Tage ging es dann auch ein wenig freundlicher zu. Bestimmt würde es auch einen halben Tag frei für mich geben, wie es bei Geburtstagen allgemein üblich war. *Aber Pustekuchen! Ich musste ausgerechnet an diesem Tag zweieinhalb Überstunden schieben!*

Irgendwann kam ich todmüde und geschafft nach Hause. Heinrich, mein Mann, wartete daheim mit einem besonders leckeren Essen. Mittlerweile war es halb zerkocht.

»Wo kommst du denn jetzt her, Wenckemaus?«, wollte er wissen, »Ich hab´ vor einer halben Stunde bereits in eurer Küche angerufen!«

Gähnend und stöhnend erzählte ich ihm von den zweieinhalb Überstunden. Nach dem Essen lehnte ich mich total erschöpft auf der Couch zurück und schlief fast augenblicklich ein. Heinrich hatte mich eigentlich an diesem Tage noch mit einem gemeinsamen Kinobesuch überraschen wollen. Das konnte er nun getrost vergessen. Ich war kaum noch fähig, auch nur einen Fuß vor den Anderen zu setzen!

Am frühen Abend nahm ich eben noch ein kurzes Bad und fiel im Anschluss wie ein Stein in einen vollkommen erschöpften, traumlosen Tiefschlaf! *Das war mein fünfundzwanzigster Geburtstag…*

Heinrich setzte sich gleich am folgenden Tag mit der Schwester Oberin persönlich in Verbindung. Sie kam schimpfend herunter in die Kombüse und faltete Frau G. ordentlich zusammen!

Am Tage darauf durfte ich dann als Wiedergutmachung ganz daheim bleiben. Das war zwar ganz schön - *aber nur leider eben nicht mehr mein Geburtstag…*

Der Sommer kam und mit ihm die große Urlaubszeit. Es war geplant, dass Heinrichs Kinder für zwei Wochen zu Besuch kommen sollten. Mirela, Karol und Jendrich. Sie lebten in einer weiter entfernten Stadt in einem Kinderheim und konnten darum ausschließlich in den Ferien bei uns sein. Wir hatten uns vorgenommen, gemeinsam mit den Dreien einen Zoobesuch zu machen, durch den nahe gelegenen Wald zu spazieren, Picknicks zu genießen, im Schwimmbad herum zu plantschen und mit den Kleinen ins Kino zu gehen. Wir wollten es den Kindern schön machen und ihnen zu Mindest in dieser kurzen Zeit ein wenig familiäre Geborgenheit und Nestwärme schenken…

Planen kann ein Mensch viele Dinge. Ich reichte auch einen Monat vor Urlaubsbeginn noch rechtzeitig meinen eigenen Urlaubsantrag ein. *Fehlanzeige!*

»Nee, das machen wir nicht!«, meinte Frau G. lakonisch, »Außerdem sind Sie ja auch nur die Stiefmutter der Kinder. Wir haben hier leibliche Mütter und die haben erst ein Mal Vorrang. Ihr Mann kann doch auch gut alleine Etwas mit den Kindern unternehmen, oder?«

Donnerhacke - *die Kinder kamen nur alle paar Monate mal für ein, zwei Wochen zu uns!* Wir hatten ohnehin schon selten genug Etwas voneinander! Nicht mal dieser Urlaub - *diese kurze Zeit des Zusammenseins* - war uns als Familie vergönnt!

Ich war ja nur die Stiefmutter, die anscheinend keinerlei Rechte hatte…

Heinrich holte die Kinder alleine ab. Ein Vergnügen war es allerdings nicht für die Kleinen. Sie erlebten eine Stiefmutter, die sich am sehr frühen Morgen kreidebleich, mit eingefallenen Wangen und dunklen Ringen unter den Augen zum Dienst aufrappelte und abends, kaum noch ansprechbar, hackemüde nach Hause gewankt kam und erschöpft auf die Couch fiel!

Als die »*leiblichen Muttis*« braun gebrannt und gut erholt wieder da waren, bekam ich dann endlich auch meinen Urlaub - *und Mirela, Karol und Jendrich waren schon wieder fort…*

Frau G. wurde immer hinterhältiger. Eines Tages bat sie mich, für den kommenden Tag drei Eimer Kartoffeln zu schälen, mit Wasser zu befüllen und in den Kühlraum zu stellen. Das tat ich dann auch. Am folgenden Nachmittag - *ich stand gerade an der Spülmaschine* - kam Frau G. plötzlich auf mich zu!

Donnerhacke, schoss mir augenblicklich durch den Kopf, was heckt sie jetzt schon wieder aus?

»Sagen Sie, Frau H., was sollen denn die drei Eimer Kartoffeln da im Kühlraum?«

»Ja… ich dachte, die würden heute benötigt!«, antwortete ich verblüfft, »Sie sagten mir doch gestern selbst noch, dass ich drei Eimer Kartoffeln fertig machen soll!«

»Nee, auf keinen Fall, mein Deern!«, schimpfte Frau G., »Das müssen Sie geträumt haben!«

Nein, hatte ich eindeutig nicht - *und sie wusste das auch!*

Frau G. drehte sich ab und konnte sich das Lachen selbst kaum noch verkneifen! Später stand sie mit den anderen Kaltmamsells und Nönnchen zusammen. Alles prustete hinter vorgehaltener Hand und warf mir amüsierte Blicke zu. Klar schnackten diese Kombüsenspöken über mich, zerrissen sich förmlich die Mäuler. Das war eine eiskalt geplante Aktion. Sie wollten mir ganz bewusst Eins auswischen. Warum sie das taten, wusste ich nicht, ja, ich hätte noch nicht ein Mal mit Worten erklären können, was für ein Hardcore da eigentlich abging.

Der mittlerweile allgemein bekannte Begriff »*Mobbing*« war zu dieser Zeit noch nicht geläufig…

Irgendwann morgens war es dann plötzlich so weit: Ich klappte vor der Bettkante halb zusammen! Mir war todschlecht; ich schluchzte unkontrolliert und meine Stirne war glühend heiß. Dazu litt ich an massivem Brechreiz. Die Muskeln schienen mir einfach nicht mehr zu gehorchen. Schiere Panikattacken überrollten mich; ich hing restlos in den Reepen. Mein ganzer Körper war in Schweiß gebadet und bebte wie Espenlaub; das Herz holperte und donnerte wie ein Schmiedehammer!

Ich hatte ein astreines Burnout!

Mein Mann wollte wissen, was denn los sei.

»*Heinrich...*«, flüsterte ich tonlos, »*...ich kann einfach nicht mehr...*«

»Donnerkeil!«, pfiff er durch die Zähne, nachdem er meine Stirne befühlt hatte, »Komm, zieh´ dich an; ich bring´ dich zum Doc. Keine Sorge, ich rede schon mit ihm. Du hängst ja total in den Wanten…«

Ich atmete mehrmals tief durch und rappelte mich, auf meinen Mann gestützt, irgendwie hoch!

Heinrich half mir in die Sachen, stützte mich und brachte mich eine Straße weiter zu unserem Hausarzt, einem freundlichen Skandinavier im mittleren Alter, der stets totale Gelassenheit ausstrahlte, gleichzeitig dafür aber redete, wie ihm der Schnabel gewachsen war. Er kontrollierte meinen Blutdruck, horchte mich ab, sah mir in die Augen und prüfte meine Körpertemperatur. *Sie betrug 39,2!* Während ich immer noch halb apathisch und schluchzend auf der Liege hing, sprach Heinrich unterdessen mit dem Doc.

»Ja…«, kam die Antwort, »deine Frau leidet an einem schweren Erschöpfungszustand. Sie benötigt in den kommenden vier Wochen wirklich absolut strikte Ruhe. In diesem Zustand kann sie unmöglich noch arbeiten. Sie sieht aus wie kielgeholt, pfeift ja schon aus dem allerletzten Loch. Jemand sollte übrigens mit der Altenheimleitung mal ein sehr ernstes Wort sprechen. *Was ist das für ein mieser Schuppen?* Ich werde deinem Mädelchen jetzt erst mal für diese Woche eine Krankmeldung ausstellen. Kommt nächste Woche wieder, dann machen wir eine Neue. Bis zur vollständigen Genesung wird aber mindestens noch ein Monat vergehen. Und sieh´ zu, dass du nach Möglichkeit jegliche Aufregung von deiner Frau fern hältst. Das tut ihr jetzt in ihrem momentanen Zustand wirklich nicht gut. Außerdem werde ich ihr noch ein Beruhigungsmittel verschreiben. Nichts, was sie gleich umhaut…«

Heinrich bekam die Krankmeldung und das entsprechende Rezept ausgehändigt. Die beiden Männer halfen mir von der Liege hoch. Der Doc klopfte mir noch mit einem freundlichen Lächeln auf die Schulter. »Das wird schon wieder…«, sagte er aufmunternd, »…jetzt erholst du dich erst ein Mal richtig gründlich und lässt deinen Schatz man machen, okay? Und nun ab in die warmen Daunen…«

Heinrich brachte mich umgehend nach Hause und half mir aus den Sachen. Ich legte mich ins Bett und bekam im Halbschlaf gerade noch mit, wie die Wohnungstüre ging. Es wurde totenstill und ich fiel augenblicklich in einen erschöpften Tiefschlaf!

Ein leises Klirren neben mir weckte mich irgendwann. Heinrich hatte mir eine Tasse mit heißem, dampfendem Fencheltee aufs Nachtschränkchen gestellt. Daneben lag eine Schachtel Tabletten. Neben der Schachtel stand ein Fläschchen mit irgendwelchen Tropfen. Aha, er war bereits in der Apotheke gewesen. Ich sah auf die Uhr. Später Nachmittag. Wie eine Tote hatte ich durchgeschlafen!

»*Hast du schon im Altenheim angerufen und Bescheid gegeben?*«, flüsterte ich.

»Ich hab´ nicht nur angerufen, Wenckemaus. Ich war da, hab´ die Krankmeldung persönlich bei der Oberin eingereicht und auch mit ihr gesprochen. Sie wünscht dir von Herzen gute Besserung…«

Ich schaute ihn fragend an. *Was - so lange konnte ich doch unmöglich geschlafen haben!*

»Sie hat deinen Zusammenbruch kommen sehen.«, meinte Heinrich, »Schon vor einigen Wochen hat sie es geahnt. Du seist in der letzten Zeit so bleich und eingefallen gewesen. Dein Zustand sei ihr nicht entgangen. Ständig hätten dir die Hände gezittert. Ich hab´ ihr erst ein Mal ordentlich darüber Bescheid gegeben, was deinen Zusammenbruch ausgelöst hat. Sie war sehr erstaunt; offenbar hatte sie wohl überhaupt noch keine Peilung, was da Unten in der Kombüse überhaupt los ist. Sie versprach mir allerdings in die Hand, dass sie sich um die Angelegenheit kümmern wolle. Ich hab´ ihr gesagt, sie hätte sich man längst um die Angelegenheit kümmern sollen. Wenn sie es schon geahnt habe, wäre es ihre verdammte Pflicht gewesen, gegenzusteuern und entsprechende Maßnahmen zu ergreifen, an Statt den lieben Gott einfach einen guten Mann sein und Alles auf sich beruhen zu lassen. Siehe zum Beispiel Personalführung. Ihre Frau G. könne sie in die Tonne kloppen! Die habe schließlich weit mehr als kräftig an deinem augenblicklichen Zustand mitgebastelt! *Nee, diese Spöke sei sogar die Rädelsführerin!* Da rackere und leide ein Mensch bis zur völligen Erschöpfung und Keiner gebe auch nur einen Kanten darum! Nach unserem Gespräch ist die Oberin gleich nach Unten in Richtung Küche gestürmt. Ich war noch nicht ganz raus aus dem Bunker, als das Gekreische schon los ging! *Es war bis auf Parterre zu hören!* Ja, sie muss der G. richtig ordentlich die Posaune von Jericho geblasen haben! So, und jetzt trink′ deinen Tee, bevor er kalt wird…«

Toll - sie hatte meinen Zusammenbruch kommen sehen! Aber mich darauf angesprochen und entsprechend gegengesteuert hatte sie auch wiederum nicht!

Kein Wunder, dass sie nicht Bescheid wusste. Sie war ja ständig auf Achse. Niemand schaute nach dem Rechten, kümmerte sich groß um die Belange der Angestellten. *Erst recht nicht um die Belange der ABM-Kräfte!*

Wie oft hatte ich persönlich mit der Oberin reden wollen! Sie war ja laufend unterwegs gewesen. Hierhin, dahin, dorthin. Überall - *nur nicht im Hauswirtschaftstrakt!*

Das zeigte doch letztendlich nur, wie schlecht die Organisation in Sachen Personalmanagement geführt war. Selbst Heinrich hatte die Oberin nur rein zufällig zu greifen bekommen und eisern auf diesem Gespräch bestanden. Ja, wenn man sich nur alle paar Wochen dort unten mal blicken lässt, weil die nötige Zeit fehlt, kann man so Etwas selbstverständlich nicht wissen…

Nach meiner Genesung hatte ich noch dreieinhalb Wochen. Ich brachte sie mit Hängen und Würgen hinter mich. Frau G. wagte sich anscheinend auch nicht mehr an mich heran. Dafür schaute die Oberin nun öfter mal herein!

An meinem letzten Tag ließ ich es bewusst ruhig angehen. Was ich nicht schaffte, ließ ich stehen. Keine sinnlose Hektik mehr. Pünktlich um 14.30 Uhr zog ich unter den entgeisterten Blicken der Kombüsenfrauen meinen Arbeitskittel aus und ging in Richtung Umkleide. Es war mein endgültiger Feierabend. Meine letzte Amtshandlung war, dass ich Frau G. noch meine anderen beiden Kittel, Hosen und sämtliche dazugehörenden Vorbinder überreichte, mich umdrehte und wortlos in Richtung Aufzug ging. Um die immer noch halb versiffte Spülecke sollte sich nun kümmern, wer wollte. Mich konnte Nichts mehr jucken. *Was denn?* Meine Zeit war um. Rausschmeißen konnte man mich ja jetzt nicht mehr!

Zapfenstreich…

Das dicke Ende aber kam noch:

Da mich keine zehn Pferde mehr in dieses Altenheim kriegten, fuhr Heinrich kurz darauf selbst hin, um in meinem Namen meine Papiere abzuholen. Die schriftliche Vollmacht dazu hatte ich ihm ausgestellt. Die Oberin war natürlich wieder ein Mal auf der Walz. Heinrich ging in das Büro der Personaldame, Frau K., um meine Unterlagen abzuholen.

»*Nee, guter Mann!*«, schnauzte sie, »*So geht das aber man nicht! Es fehlen nämlich noch drei Vorbinder! Wenn sie die mitbringen, bekommen Sie auch die Papiere!*«

Heinrich baute sich vor ihr auf!

»*Auf einen solchen Kuhhandel lass' ich mich nicht ein!*«, fletschte er, »*Zumal meine Frau an ihrem letzten Tag sämtliche Arbeitssachen ordnungsgemäß an Frau G. abgegeben hat! Ich glaub', es hackt! Also rücken Sie jetzt man gefälligst hübsch fein die Papiere meiner Frau raus! Ihr habt sie hier lange genug gemolken!*«

In diesem Moment kam die Oberin den Gang entlang: »Gott zum Gruße, Herr H.! Darf ich fragen, was denn hier los ist?«

Heinrich zeigte auf Frau K.: »Ja, das dürfen Sie. Ich wollte die Papiere meiner Frau abholen. Jetzt will diese Henne sie mir nicht heraus rücken, weil angeblich noch ein paar Vorbinder fehlen sollen. Meine Frau hat sie an ihrem letzten Tag bereits abgegeben. Und zwar vollständig. Was sollte sie noch mit Vorbindern wollen? Sie als Erinnerungsstücke aufbewahren, weil es bei euch so sagenhaft »*kollegial*« und »*fair*« war? Im Gegenteil. Sie hat sich Tag für Tag fast bis zum Umfallen für euch geschunden! *Ihr habt sie in dieser stinkenden, öligen, brackigen Bilge buchstäblich verheizt und gemolken wie eine Kuh! Regelrecht gesund gestoßen habt ihr euch in diesem Jahr an ihr!* So, und wenn ich nicht innerhalb der nächsten zehn Minuten die Papiere ausgehändigt bekomme, gibt es Besuch von der Polizei und eine saftige Anzeige obendrein! Ich warte draußen vor der Türe. Überlegt es euch gut. Wenige Meter vor eurem Bunker ist eine Telefonzelle. Es ist mein Ernst. *Zehn Minuten, denkt dran…*«

Damit verließ Heinrich das Büro, schlug die Türe hinter sich zu und lehnte sich im Gang gegen die Wand!

Mittlerweile hatte der Tumult den Gemeindepastor, der sich gerade im Hause befand, auch angelockt. Er sah Heinrich da lässig an der Wand lehnen, mit seiner mehr als schulterlangen, dichten blonden Mähne, in seinen verschossenen Jeans und dem karierten Baumwollhemd!

»*Aber hören Sie Mal!*«, rief er entgeistert, »*Sie sehen ja aus wie ein wilder Normanne!*«

»*Lieber ein wilder Normanne als ein schwuler Pfaffe!*«, rief Heinrich zurück.

Die Ironie an der Sache war: Dieser Pastor war wirklich »*vom anderen Ufer*«!

Dann endlich kam die Oberin und überreichte Heinrich ordnungsgemäß die Papiere. Nun war für mich die Angelegenheit ein- für allemal beendet. Ich war durch, hatte es ausgestanden. *Nie wieder in meinem gesamten Leben würde ich auch nur einen Fuß in dieses Haus setzen!*

Sicher, um die unbezahlten Überstunden hätte ich zwar vor Gericht kämpfen können, verzichtete jedoch darauf. *Es wäre mindestens noch ein saftiges, dreizehntes Monatsgehalt dabei heraus gekommen!*

Doch was sollte ich mir zusätzlich die Nerven damit auch noch ramponieren? Das Ganze hätte mich wieder mindestens noch mal ein Jahr gekostet und die entscheidende Kraft fehlte mir in dieser Zeit einfach. Heute würde ich einen Prozess knallhart durchziehen, aber damals? Mir langte schon, dass ich im Laufe des Jahres eine weit mehr als ausgeprägte »*Nonnen-Allergie*« entwickelt hatte und mit Burnout zusammengeklappt war. Alles in Allem war ich nur dankbar, endlich aus dieser Einrichtung heraus zu sein!

Eines aber schwor ich mir hoch und heilig: Nie wieder…

Total daneben!

Eines Tages erhielt ich eine Einladung von einer mir bislang noch unbekannten Arbeitsvermittlerin. Ich fuhr zum angegebenen Termin. Die Frau schaute in ihren schlauen Computer, was an Stellen sie für mich hätte. *Ja, ein Angebot könne sie mir machen:* Verpackungshelferin in einer Fleischerei!

Zu dieser Zeit lebte ich bereits seit gut zweieinhalb Jahren streng vegetarisch. Das teilte ich der Dame auch mit und bat sie, doch unter Metall nachzuschauen. Nein, meinte sie, in Metall seien im Moment keine Stellen gemeldet. Ich wollte wissen, was denn an Raumpflegerinnen gesucht würde. Auch unter dieser Rubrik fand sie Nichts.

»Na gut«, meinte sie, »dass Sie Vegetarierin sind, konnte ich leider nicht wissen. Dann kommt diese Stelle für Sie nicht in Frage. Okay, sonst habe ich leider im Moment keine anderweitigen Angebote für Sie. Das war´s dann eigentlich auch schon. So bald was Passendes herein kommt, gebe ich Bescheid…«

Knapp eine Woche später flatterte mir ein neues Stellenangebot ins Haus - *von der selben Arbeitsvermittlerin!* In einem Imbiss wurde noch eine Kraft für die Hähnchenbraterei gesucht!

War es denn so dermaßen schwer, einen entsprechenden, kurzen Vermerk einzutragen? Mit ein paar wenigen Klicks wäre die Sache erledigt gewesen. *Andererseits:* Wann wird einem Arbeitssuchenden denn überhaupt ein Mal Gehör geschenkt? Das ist seltener als ein Super-Jackpot im Lotto!

Es war dieser Dame anscheinend wohl zum einen Ohr hinein- und zum Anderen hinaus gegangen! *La Paloma, ohe…*

Ein anderes Mal kam von einem weiteren, nicht minder dösigen Arbeitsvermittler ein Stellenangebot herein geschneit, in dem eine ausschließlich männliche Verkaufskraft in einer Tankstelle gesucht wurde. Es stand sogar noch groß, breit und fett auf dem Formular: »*ausschließlich männlich*«!

Das Stellenangebot war ganz klar an mich gerichtet - *Frau Wencke*

H.!

Ich erkundigte mich telefonisch bei der Tankstelle. Sie suchten in der Tat ausschließlich einen Mann!

Heinrich selbst rief diesen Stoffel vom Arbeitsamt an und erklärte ihm feixend, er habe immer geglaubt, mit einer Frau verheiratet zu sein. Zu Mindest habe er an mir noch keinerlei männliche Attribute festgestellt!

Ja, wenn der Amtsschimmel wiehert...

Ganz besonders makaber aber wird es, wenn ein Jobcenter beginnt, mit einem Toten zu kommunizieren!

In einer Jobcenter-Filiale nämlich ist genau dies geschehen. Dort versuchte ein Sachbearbeiter, einen Verstorbenen darüber in Kenntnis zu setzen, dass er nun mehr nach seinem Ableben keinen Anspruch auf Hartz IV hat. Nach einer Prüfung wolle man ihn noch »*gesondert informieren*«. Zudem forderte die Behörde den Verstorbenen sogar noch zu einer persönlichen Stellungnahme auf!

Verfügt dieses Jobcenter über spiritualistische oder übernatürliche Fähigkeiten?

Es gibt durchaus mental begabte Menschen, die es drauf haben - *doch diese Fähigkeiten vermutet man am Wenigsten hinter einem Schreibtisch im Büroraum eines Jobcenters!*

Doch in den Amtsstuben dieser Behörde scheint ein spiritueller Wind zu wehen!

So wurde jüngst ein kürzlich Verstorbener angeschrieben, um ihn zu informieren, dass man im Himmel keine Hartz IV-Zahlungen benötigt! Zudem könne es ja durchaus sein, dass der Verstorbene aus dem Reich der Toten auferstehen könne!

Hochkarätig makaber, oder?

So hieß es in dem Schreiben an den Toten:

Ihre Leistungen zur Sicherung des Lebensunterhalts wurden gemäß §40 Absatz 2 Nummer 4 Zweites Buch Sozialgesetzbuch (SGB II) in Verbindung mit §331 Drittes Buch Sozialgesetzbuch (SGB III) vorläufig ganz eingestellt.

Das betrifft Ihr Arbeitslosengeld II ab September 2015.

Ihre Leistungen wurden vorläufig eingestellt.

Nach einer vor mir liegenden Mitteilung sind Sie verstorben. Die vorläufig eingestellten Leistungen werden unverzüglich nachgezahlt, so weit der Bescheid, aus dem sich der Anspruch ergibt, zwei Monate nach der vorläufigen Einstellung der Zahlung nicht mit Wirkung für die Vergangenheit aufgehoben wird.

Die Information, dass der Leistungsempfänger verstorben ist, konnte das zuständige Jobcenter wohl nur von den Angehörigen persönlich mitgeteilt bekommen haben!

Und wieso ist von einer »*vorläufigen*« Einstellung der Leistungen die Rede? Der jüngst Verstorbene war schließlich nicht Lazarus...

Am Ende setzte die Behörde noch Einen drauf:

Nun wird der Verstorbene gebeten, anzukreuzen, ob der Sachverhalt zutrifft, er sich zu diesem Sachverhalt nicht oder schriftlich, gegebenenfalls auf einem gesonderten Blatt »*äußern*« wolle!

Die Mutter des Verstorbenen ist über so viel Pietätlosigkeit erschüttert. Sie war mehr als schockiert, als sie diesen Brief des zuständigen Jobcenters erhalten habe!

Was mag in der armen Frau vorgegangen sein? Sie befindet sich mitten in der extremsten Trauerphase um ihren gerade verstorbenen Sohn - *und dann flattert ihr ein derart unsensibles, amtliches Schriftstück ins Haus!*

Im zuständigen Jobcenter ist man sich mittlerweile allerdings bewusst geworden, dass in diesem speziellen Falle Einiges »*schief gelaufen*« sei. Man wolle sich bei den Angehörigen entschuldigen!

Ein Sprecher des Jobcenters betonte, dies sei ein bedauerlicher Einzelfall...

Ein Wort an die zuständige Behörde:

Tote kommen nicht zurück - da gibt es auch keine »*vorläufigen*« Leistungen mehr einzustellen...

Kommunikation war gestern - heute herrscht geistige Windstille!
Das gesunde, logische Denken wird radikal abgeschafft. Die »*di-*

gitale Demenz« hat mittlerweile breitflächig Einzug gehalten. Was dem tumben Menschen an Einfühlungsvermögen und Hirnschmalz fehlt, ersetzt Kollege Computer - *und das möglichst auch noch fehlerhaft!*

Selbst während meines Metaller-Lehrgangs hatte ich es erlebt. Einer meiner Kollegen zum Beispiel, Uwe, war - *und das war auch dem Arbeitsamt bestens bekannt* - Epileptiker! Das Arbeiten an den Maschinen war ihm vom Ausbilder daher auch strikt untersagt worden. Mehrmals war er bereits in der Werkshalle gestürzt. Eines Vormittages dann schlug er sich trotz seines Spezialhelmes im Treppenhaus den Schädel auf und musste umgehend in die Klinik eingeliefert werden. Seine »*grand mals*« kamen ganz unvermutet und aus heiterem Himmel - *und sie waren in der Tat erschütternd!* Seiner schweren Erkrankung zum Trotze hatte irgend so ein strunzpröddeliger Arbeitsberater Uwe in diesen für ihn potentiell lebensgefährlichen Lehrgang geschickt. *Wie kann man absurderweise von einem derart erkrankten Menschen noch verlangen, an einer Maßnahme teil zu nehmen, in der er an der Drehbank stehen oder eine Maschinenhubsäge bedienen soll?* Der blutige Treppensturz bedeutete dann letztendlich auch das endgültige Aus!

Bezieher von Hartz IV müssen in der Regel jede Arbeit annehmen, die ihnen von Seiten des Jobcenters angeboten wird. Für einen Bezieher von Hartz IV-Leistungen greift - *im Gegensatz zu den Empfängern von ALG I* - der geltende Berufsschutz nämlich nicht. Dieser fehlende Berufsschutz kann also ohne Weiteres dazu führen, dass z. B. ein Hartz IV-Bezieher, der einen akademischen Abschluss besitzt, als Kassierer tätig sein muss. Eben so kann es durchaus geschehen, dass - *wie im oben genannten Fall* - ein Epileptiker Maschinen bedienen und Tätigkeiten ausführen soll, für die er definitiv nicht geeignet ist!.

Aber egal - was »*zumutbar*« ist, entscheidet letztendlich immer noch der Mensch vom Amt…

Was den Verzicht auf tierische Produkte angeht: Fast sechs Jahre hielt ich es eisern durch. Ich mied Volksfeste und machte um jede Grill-, Backfisch- und Würstchenbude nach Möglichkeit einen riesengroßen Bogen. *Ja oder nein? Sollte ich oder sollte ich nicht?*

Auf einem Weihnachtsmarktbummel schließlich aber konnte ich irgendwann dem Genuss dann leider einfach nicht mehr widerstehen und bekam einen Rückfall, der bis heute anhält…

In der Demontage

Irgendwann schickte man mich dann in einen so genannten »*sozialen*« Entsorgungsbetrieb. Als ABM-Kraft, für ein Jahr. Dort arbeitete ich im Demontagebereich. Wir saßen an den Werktischen und bauten ausgediente und defekte Elektrogeräte auseinander. Die Wertstoffe wurden getrennt gesammelt.

Es war eine zermürbende Arbeit, trist, deprimierend und durch und durch menschenverachtend!

Dazu kam, dass Etliche der Kolleginnen und Kollegen irgend ein Problem hatten, sei es nun physischer oder psychischer Natur. Es befanden sich massive Trinker unter ihnen, Drogenabhängige, Obdachlose, Vorbestrafte eben so wie Personen mit körperlichen Handicaps, Tourette-Patienten, Menschen mit Aufmerksamkeits-Defizit-Syndrom, Borderline-Erkrankte und Autisten!

Die paar Kolleginnen und Kollegen, die nicht mit dergleichen zu tun hatten, konnte man praktisch an einer Hand abzählen…

Ulrike, eine der Frauen, war extrem magersüchtig und man musste aufpassen, was man sagte, denn sie neigte dazu, sehr schnell zu explodieren. Sie aß - *wenn überhaupt ein Mal* - nur winzige Kleinigkeiten und verschwand unmittelbar nach dem Essen in Richtung Toilettenraum. Mehr als ein Mal hörten wir sie hinter verschlossenen Türen würgen.

Anita, eine Andere, war Vollalkoholikerin. Schon frühmorgens, vor Dienstbeginn, hielt sie sich völlig verkatert und stöhnend den Schädel, weil sie wieder ein Mal die halbe Nacht an der Buddel gehangen und durchgezecht hatte. Verkatert war Anita praktisch täglich. Von Montag bis Freitag die selbe Leier. Anita quatschte nonstop von Wodka und »*kleinen Feiglingen*«. Dazu dudelte sie Stunden lang immer nur eine einzige Marianne-Rosenberg-Musikcassette auf dem kleinen, werkseigenen Recorder ab, der auf ihrem Platz stand. Nicht über Tage - *über Wochen*! Den übrigen Kolleginnen wurde schon so langsam die Milch sauer. *Du bist der einzige Mann, Mister Paul McCartney, Marleen, fremder Mann…* es kam uns mittlerweile zu den Klüsen heraus! Eines Tages war der Meister es Leid und machte sich klammheimlich und ohne Anitas Wissen an dem Gerät zu schaffen. Am nächsten Tag wollte Anita wieder ihre Lieblingscassette abdudeln. Nun aber klappte gar Nichts mehr. Zum wahrscheinlich ersten Mal in ihrem Leben kam sie jetzt mit ihrem Willen nicht durch und bekam einen Tobsuchtsanfall, der sich gewaschen hatte! Am Tag darauf brach sie die Maßnahme ab…

Erika, eine ältere Kollegin, fühlte sich von Allem und Jedem bedroht. Ständig hatte sie Angst, die Kollegen könnten hinter ihr her spöken. Erika litt massiv unter Verfolgungswahn. Ihre pausenlosen Unterstellungen waren kaum zu ertragen. Sie stand gerne im Mittelpunkt und versuchte, sich nonstop in Szene zu setzen!

Lotta, ein junges Mädel, versuchte ständig, den Kolleginnen ein Gespräch aufzuschwatzen. Sie spökte den betreffenden Frauen bis zur Toilette nach. Offenbar fehlte es ihr irgendwie an mütterlichem Halt.

Larissa hatte total vernarbte Unterarme. Es war deutlich zu erkennen, dass sie an sich selbst herum geschnippelt hatte. Aha, Borderline. Auch sie war ziemlich pampig und ausfallend…

Bertil war Vollalkoholiker und erschien sehr oft mit massiver Verspätung volltrunken zum Dienst. Er hatte zusätzlich auch noch eine Menge anderer Delikte auf dem Kerbholz. *Fluchen und saufen jedenfalls konnte er wie ein Seemann!* Immer wieder wurde er nach Hause geschickt, um seinen Rausch auszuschlafen. Irgendwann kippte er in der Umkleide einfach um und schlug sich bei seinem Sturz an einer hölzernen Sitzbank den Schädel auf. Danach war die Maßnahme für ihn gelaufen…

Holger war halbseitig gelähmt, saß im Rollstuhl und konnte sich selbst mit Hilfe einer Krücke nur wenige Schritte auf den Beinen halten. Regulär hätte er gar nicht mehr arbeiten dürfen. Er war ein eindeutiger Pflegefall, lallte und sabberte permanent den Boden voll. Unsere Aufgabe bestand darin, den halben Tag die rutschgefährlichen »*Bescherungen*« weg zu putzen.

Raimo war ein notorischer Aufreißer und machte ständig die Kolleginnen an. Dass er nicht in uns Frauen hinein kroch, war Alles. Auch er hatte ein massives Alkoholproblem…

Jonas hechelte jedem Pfennig hinterher, den er zwischen dem alten Gerümpel finden konnte. Er riss die halbe Gitterbox auseinander, wenn ihm irgend Jemand sagte, er habe dort soeben einen Groschen gefunden. Auf der Stelle unterbrach er seine Arbeit, versank fast kopfüber zwischen den Elektroschrott-Teilen und tauchte, buddelte und grub wie ein Besessener nach imaginären Münzen…

Für solche speziellen Fälle hatten die »*Verantwortlichen*« vollstes Verständnis - *für uns jedoch nicht!*

Nein, den später kommenden Maßnahmeteilnehmern wollte man sogar noch die Heuer kürzen! Dieser Betrieb konnte froh sein, dass ich nicht mit in diese »*Neuregelung*« hinein fiel. Wäre ich selbst von dieser Kürzung betroffen gewesen, hätten sie sehr schnell Post von meiner Anwältin bekommen - *ohne Wenn und Aber!*

War es denn nicht schon genug, dass die gesunden Maßnahmeteilnehmer/innen neben ihrer alltäglichen, körperlichen Drecksarbeit die Gänge, Toiletten und Aufenthaltsräume auch noch mit putzen durften - *nur weil diese »soziale« Einrichtung nicht bereit war, ein- oder zwei Reinigungskräfte einzustellen?*

War es noch zumutbar, dass wir zusätzlich permanent die schmierigen, glitschigen Speichelseen eines körperlich stark Eingeschränkten fort wischen und ständig auf dessen persönliche Sicherheit achten mussten - *nur, weil eine spezielle Betreuungsperson zu Viel gekostet hätte?*

Im Grunde übernahmen wir dreierlei Tätigkeiten zugleich: Demontagearbeiter, Reinigungskräfte und Behindertenbetreuer!

Diese »*soziale*« Einrichtung fuhr doch gar nicht so schlecht mit uns. Sie stieß sich gesund, hielt sich regelrecht schadlos. Wir arbeiteten permanent für die Behinderten mit. Menschliche Arbeitskräfte wurden bis zur Erschöpfung ausgebeutet - *und die »Verantwortlichen« nahmen das große Geld ein!*

Die Nichtgehandicapten waren deutlich in der Unterzahl. Zudem waren unter den Gehandicapten *(zwar nicht Alle, aber Einige)*, die ihren persönlichen Zustand sogar noch zu ihren eigenen Gunsten ausnutzten. Sie kamen oder blieben weg, wie sie wollten - *und zwar mit schöner Regelmäßigkeit!* Bei schlechtem Wetter erschienen sie und hielten uns von der Arbeit ab, bei herrlichem Sonnenschein waren sie plötzlich »*arbeitsunfähig*« und ließen die Gesunden erst recht für sich mit malochen. Da sie gehandicapt waren, bekamen sie ohne viel Federlesens den »*Gelben Schein*«. Einer dieser »*Gehandicapten*« wurde von einem arbeitenden Kollegen nach Feierabend in der Innenstadt gesehen, wie er quietschvergnügt und puppenlustig ein Eis schleckte - *und sich dabei am Brunnen noch fröhlich grinsend in der Sonne aalte…*

Natürlich müssen Menschen mit wirklichen Handicaps ordnungsgemäß betreut werden und ihre Sicherheit gewährleistet sein, das ist richtig. Sie können schließlich Nichts für ihre Leiden. Aber wir paar Nichtgehandicapten waren in der Behindertenbetreuung nun ein Mal absolut ungeübt!

Natürlich müssen Räume sauber und gepflegt aussehen. Aber wir hatten bereits mehr als genug in der Demontage zu tun. Ungeachtet dessen drückten die »*Verantwortlichen*« uns diese Zusatzaufgabe auch noch auf, machten *(obwohl sie gleichzeitig immer neue Projekte hoch zogen!)* ohnehin schon auf finanziell »*dauerklamm*« - *und kamen nun noch mit künftigen Lohneinsparungen daher!*

Menschenverachtender konnte es wohl kaum noch gehen…

Unter den gegebenen Bedingungen war die Arbeit blanker Horror. Ich kam mir wahrhaftig vor wie in einem Knast oder einem Irrenhaus. Tag für Tag diese halbtoten Schluckspechte, Schizophrenen, hysterischen Furien, seelisch Erkrankten, geistig Verwirrten und Aufreißer zu ertragen, mich an ihnen aufzureiben und dabei als Frau Tätigkeiten verrichten zu müssen, die im Grunde vom Körperlichen her reine Männerarbeit waren, ging immer mehr an die Substanz…

Ich war wirklich drauf und dran, meinen Jahresvertrag meiner Anwältin vorzulegen. Telefonisch hatte ich mir bereits erste Erkundigungen eingeholt. Da in diesem Vertrag auch nur von Demontagearbeiten die Rede war, wäre ich damit letztendlich auch gerichtlich durchgekommen!

Doch als die Bestimmungen mit den geplanten Lohnkürzungen für neu hinzukommende Maßnahmeteilnehmer/innen durchkamen, war meine eigene Zeit fast schon abgelaufen. Für mich lohnte es sich also nicht mehr.

Und die übrigen Kolleginnen/Kollegen, mit denen ich sprach, refften lieber reihenweise die Segel…

Die »*Verantwortlichen*« betrachteten mich als notorische Aufwieglerin und sagten mir das auch deutlich ins Gesicht. Ich war Jemand, der gerne meuterte und seine Rechte kannte. Von mir war also Niemand wirklich begeistert!

Sie konnten nur dankbar sein, als mein Jahr abgelaufen war…

Urlaub – das können Sie vergessen!

Im Jahre 2000 hatten Heinrich und ich das ganz seltene Glück, bei einer großen, bekannten Akademie zeitgleich und gemeinsam an einer Berufsfindungsmaßnahme teil zu nehmen. In diesem Paket enthalten waren drei Monate theoretischer Unterricht so wie sechs Monate Betriebspraktikum. Also summa summarum neun Monate.

Der theoretische Unterricht setzte sich wie folgt zusammen: EDV, Debattier-Runden, Bewerbungstraining, Telefonakquise und Rollenspiele. Heinrich übernahm die Telefonakquise freiwillig. Dabei ging es darum, sich telefonisch mit verschiedenen Firmen in Verbindung zu setzen und für die Mitteilnehmer/innen möglichst viele Praktikumsplätze heraus zu orgeln. Heinrich hatte es aber auch wirklich drauf. *Fast ein Drittel des Kollegiums brachte er unter!*

Man wählte ihn daher auch gerne zum Klassensprecher!

Bei mir war es EDV. Als wir diese Maßnahme begannen, hatte ich nicht ein Mal den blassesten Schimmer davon, wie und wo man einen Computer überhaupt einschaltet. Kaum zwei Wochen später tippte und druckte ich den Mitstreiterinnen/Mitstreitern bereits ganz locker ihre Bewerbungen aus und übernahm auch wichtige Antwortschreiben an die jeweiligen Behörden!

Heinrich bekam von den Kolleginnen/Kollegen reichlich Kaffee ausgegeben und ich hätte im Kakao meinen Freischwimmer machen können!

Wir waren irgendwie ein tolles Team…

Kurze Zeit darauf wurde in der Debattier-Runde das Thema »*Urlaubsanspruch*« angerissen. Alle hatten wir in unseren Anschreiben für diese Maßnahme stehen, dass uns während der neunmonatigen Teilnahme kein Urlaub zustünde. Wenige Tage zuvor hatten wir auch noch für einen Unterrichtsblock so einen Arbeitsberater in der Klasse ertragen müssen, der auf unsere Nachfragen nur mit den Schultern zuckte und meinte: »Das können Sie vergessen; Urlaub steht Ihnen erst ab einem Jahr Maßnahme zu. So sind halt die Bestimmungen. Sie machen schließlich nur neun

Monate…«

Selbst unser Dozent, Herr Z., war der Meinung, dass wir Alle zusammen auch einen gewissen Urlaubsanspruch haben müssten. Ihm selbst als Angestellter der Akademie waren allerdings die Hände gebunden. Er durfte sich offiziell nicht einmischen. Es sei aber auch bisher noch keine Gruppe mit Urlaub durchgekommen! In der Pause steckten wir die Köpfe zusammen. Selbst Herr Z. war mit von der Partie. Wir flüsterten immer noch hin und her. *Ein dreiviertel Jahr komplett urlaubslose Zeit?* Das konnte ja wohl irgendwie nicht mit rechten Dingen zugehen!

Heinrich fragte Herrn Z., ob er an das aktuelle deutsche Arbeits- und Sozialrecht heran käme - *und zwar mit den entsprechenden Erklärungen, Bestimmungen und Urteilen!* Unser Dozent grinste schelmisch. Kurz darauf hatte er den Wälzer dann tatsächlich über einen Freund besorgt. *Heureka!* Wir ließen die an diesem Tage geplanten Rollenspiele komplett ausfallen und konzentrierten uns statt Dessen voll auf Paragraphen und Präzedenzfälle. *Dieser Mensch vom Amt sollte sich ja nicht einbilden, uns behandeln zu können, als seien wir Allesamt gerade eben erst vom Heuwagen gefallen!* Gemeinsam tüftelte die gesamte Klasse wie eine Seilschaft mit Feuereifer den kompletten Text zusammen. Heinrich schrieb den Brief von Hand vor. Herr Z. begleitete mich mal eben in den EDV-Raum und sagte dem dortigen Dozenten, ich solle für unsere Gruppe ein Deutschdiktat schreiben und Dieses mal eben zweifach ausdrucken. Ja, kein Problem. Knapp zehn Minuten später kam ich mit zwei Ausdrucken wieder zurück. Der Brief machte die Runde. Die Klasse unterschrieb, Einer nach dem Anderen. Herr Z. holte einen Briefumschlag, auf dem sich sogar das Logo der Akademie befand. Das entsprechende Porto ging somit auch noch aufs Haus…

Anderthalb Wochen später hatten wir wieder Debattier-Stunde. Wir saßen in der Klasse und warteten nur noch auf Herrn Z.! Offenbar hatte er sich verspätet. Dann aber, nach etwa zehn Minuten, ging die Türe zum Klassenraum auf. Unser Dozent kam mit hängendem Kopf herein geschlichen. Seine Lippen bebten. Er stellte sich vor seinen Tisch, warf einen Blick in die Runde - *und starrte uns todernst an!*

»So, liebe Leute.«, sagte er, »Es geht um den Urlaubsantrag. *Und zwar Folgendes:* Das Arbeitsamt hat auf den Brief reagiert. Heute morgen ist mit der Post das Antwortschreiben eingegangen. Ich muss Ihnen leider mitteilen…« Er zuckte mit den Schultern und holte tief Luft!

Die Gesichter wurden immer länger! Achtzehn Augenpaare starrten ihn fassungslos an!

»…dass jedem Einzelnen von Ihnen während dieser Maßnahme fünfzehn Werktage Urlaub zustehen! *Das heißt:* Sie haben auf ganzer Linie gewonnen!«

Es wurde mucksmäuschenstill! *Dann aber brach die gesamte Klasse in spontanen Jubel aus!*

Herr Z. schmunzelte über das ganze Gesicht und gackste dann plötzlich selbst unbeherrscht los: »Der zuständige Arbeitsberater rief mich vorhin sogar noch höchstpersönlich und ziemlich entnervt in meinem Büro an und beklagte sich auch noch laut stöhnend bei mir! Kinners, der war richtiggehend geschockt! *Was zum Donnerkeil denn das für eine Klasse sei? Das habe es ja noch nie gegeben!* Wer denn bloß auf diese Idee gekommen wäre? *Wir hätten ihn mit Paragraphen und Bestimmungen so dermaßen zugeknallt, dass ihm buchstäblich die Birne gerauscht habe!* Daraufhin habe er sich schlau gemacht und fand unsere Angaben dann auch tatsächlich bestätigt! Übrigens betrifft das Ergebnis nicht nur unsere Klasse, sondern das gesamte Haus…«

Im Laufe des ersten Blockes hörten wir dann auch hier und da immer wieder vereinzelte Jubelrufe aus den verschiedenen Klassenräumen hallen…

Dieses Beispiel zeigt in aller Deutlichkeit, dass selbst von Seiten der Arbeitsämter und Jobcenter immer wieder Fehlinformationen heraus gegeben werden. Manchmal aus reiner Bequemlichkeit, manchmal aber auch völlig bewusst!

Menschen ohne Job werden schlicht für dumm und unwissend gehalten. Als Menschen zweiter Klasse, denen man ihre Rechte in jeder Hinsicht beschneiden darf. Es wird davon ausgegangen, dass sie sich nicht zur Wehr setzen, aus Angst vor den angedrohten, zahlreichen Sanktionen. Also macht man sich gar nicht erst die Mühe. Es werden ausschließlich lang und breit die Pflichten aufgezählt. Will ein persönlich von Arbeitslosigkeit betroffener Mensch allerdings erfahren, welche Rechte er überhaupt hat, wird selbstverständlich Nichts dergleichen aufgeführt. Derartige Informationen werden ihm einfach von Vorne herein vorenthalten. Es ist die denkbar praktischste Methode!

Und überhaupt: Warum sollten die zuständigen Sachbearbeiter sich Mühe geben? Wir sind ja nur eine »*Randgruppe*«, die sich nicht wehrt…

Unsere Klasse hatte sich gewehrt - *und gewonnen!* Manchmal lohnt es sich eben doch, eine betroffene Gruppe unter einen Hut zu bekommen. In der Gruppe ist es immer leichter. Einzelne kleine Steine ergeben zusammen eine riesige Mauer!

Das sollte der Mensch immer beherzigen…

Thema: Arbeitszeugnisse

Natürlich hatten wir auch ein ganz besonderes Themengebiet. Es ging um Arbeitszeugnisse und die eigentliche Bedeutung ihrer Inhalte!

Die wenigsten Menschen machen sich ernsthafte Gedanken, was ein Arbeitszeugnis über die betreffende Person tatsächlich aussagt. Vieles wird fälschlicherweise sogar noch für schmeichelhaft gehalten. Der Laie allerdings blickt selten hinter die Kulissen und merkt oftmals nicht, was diese Texte wirklich enthüllen. *Personalchefs allerdings lesen dagegen mehr als deutlich zwischen den Zeilen!*

Einige wichtige Beispiele dieser berüchtigten, »*versteckten Codes*« sollen hier genannt werden, um Einblicke zu geben:

- *Sie/er arbeitete mit großer Umsicht...*

Das hört sich doch im ersten Moment wirklich nett an. *Tatsächlich aber bedeutet es:* Sie/er war extrem lahmarschig und überlegte sich jeden Handgriff besonders lange! Man kann ihr/ihm buchstäblich beim Laufen die Schuhe besohlen!

- *Sie/er war stets bemüht...*

Ja, stets bemüht war die betreffende Person - *aber mehr auch nicht!* Ohne Unterstützung bekam dieser Mensch schon ein Mal gar Nichts auf die Reihe!

- *Sie/er trug mit ihrer/seiner Geselligkeit sehr zur Verbesserung des Betriebsklimas bei...*

Diese Person und hat ganz offensichtlich ein Alkoholproblem!

- *Sie/er war stets um Pünktlichkeit bemüht...*

Genau - *allerdings nicht gerade um Überpünktlichkeit!* Bei diesem Menschen handelt es sich um einen notorischen Zu-Spät-Kommer!

- *Sie/er war stets kommunikativ...*
Diese Person ist schwatzhaft. Ständig wurden die Kollegen durch diesen Menschen von der eigentlichen Arbeit abgehalten!

- *Sie/er hat alle Arbeiten mit großem Fleiß und Interesse erledigt...*
Sie/er war zwar fleißig, aber nicht erfolgreich.

- *Sie/er war stets nach Kräften bemüht, die Arbeiten zu unserer vollen Zufriedenheit zu erledigen...*
Mühe allein genügt nicht!Erfolge müssen her - und die hat sie/er nicht gebracht!

- *Sie/er bewies für die Belange der Belegschaft stets Einfühlungvermögen...*
Sie/er suchte nach Sexualkontakten, belästigte die Kollegen!

- *Sie war eine gesuchte Gesprächspartnerin...*
Sie ist eine notorische Schwätzerin!

- *Er stand voll hinter uns...*
Man kann das Wort »*voll*« wirklich wörtlich nehmen: Er ist ein Säufer!

- *Sie/er setzte sich für die Belange ihrer/seiner Kollegen ein...*
Sie/er ist gewerkschaftlich aktiv!

- *Sie/er hat uns in Erstaunen versetzt...*
Sie/er hat uns vollkommen entsetzt!

- *Sie/er arbeitete in ihrer/seiner eigenen Weise...*
Sie/er war ein/e Quertreiber/in, die/der nicht zu uns passte!

- *Für die Belange seiner Kollegen bewies er ein umfassendes Einfühlungsvermögen...*
Achtung: ein Schwuler!

- *Sie/er war ein/e anspruchsvolle/r und kritische/r Mitarbeiter/in...*
  Sie/ er war ein/e nie zufriedene/r Nörgler/in!

- *Sie/er zeigte fürihre/seine Arbeit Vertändnis...*
  Sie/er war faul!

- *Sie/er hat sich im Rahmen ihrer/seiner Fähigkeiten eingesetzt...*
  Sie/er hat getan, was sie/er konnte, aber das war nicht Viel!
- *Sie/er arbeitete sehr nach eigener Planung...*
  Aber nicht nach der Planung des Chefs!

- *Sie/er war sehr tüchtig und wusste sich gut zu verkaufen...*
  Sie/er war ein/e äußerst unangenehme/r Mitarbeiter/in!

- *Ihre/seine Auffassung wusste sie/er intensiv zu vertreten...*
  Sie/er hatte ein übersteigertees Selbstbewusstsin!

- *Sie/er war in der Lage, ihre/seine Meinung zu vertreten...*
  Sie/er verträgt keine sachliche Kritik!

- *Sie/er hat mit vollem Erfolg delegiert...*
  Sie/er war ein/e notorische/r Drückeberger/in, die/er sämtliche Aufgaben an die Kollegen verteilte!

- *Mit seinen Kollegen hat er sich sehr aktiv auseinandergesetzt...*
  Er ist handgreiflich geworden!

- *Ihr/ihm wurde die Gelegenheit zur Weiterbildung geboten...*
  Sie/er hat diese Gelegenheit allerdings nicht genutzt!

- *Sie/er arbeitete mit größter Genauigkeit...*
  Sie/er war pedantisch und lahm!

- *Sie/er kam immer gut mit ihren/seinen Vorgesetzten aus...*
  Unaufrichtig, ohne Durchsetzungskraft, ohne eigene Persönlichkeit!

- *Wir wünschen ihr/ihm für den weiteren Weg in einem anderen Unternehmen viel Erfolg...*
In einem anderen Unternehmen gerne - aber nicht mehr bei uns!

- *Ihr/sein Fleiß war nicht zu beanstanden...*
Eifrig, aber ohne Erfolg!

- *Ihr/sein Urteilsvermögen ermöglichte es ihr/ihm in der Regel, einfache Zusammenhänge zu erkennen...*
Schwierige Zusammenhänge wurden meistens nicht verstanden!

- *Sie/er schied in gegenseitigem Einvernehmen aus...*
Beide Seiten hatten es satt!

- *Sie/er galt im Kollegenkreis als toleranter Mitarbeiter/in...*
Der Vorgesetzte wird nicht genannt; das Verhältnis war ganz offenbar belastet!

- *Sie/er hat die Aufgaben zu ihrem/seinem und im Firmeninteresse gelöst...*
Vermutlich Diebstahl!

- *Sie/er war ein/e gewissenhafte/r Mitarbeiter/in...*
War zwar zur Stelle, aber nicht immer brauchbar!

- *Wegen ihrer/seiner Pünktlichkeit war sie/er stets ein gutes Beispiel...*
Mit Leistung konnte sie/er allerdings nicht punkten!

- *Sie/er scheidet aus, um in einem anderen Unternehmen eine höherwertige Tätigkeit zu übernehmen...*
EineTätigkeit, die wir ihr/ihm nicht zutrauen!

- *Mit ihren/seinen Vorgesetzten ist sie/er gut zurecht gekommen...*
Sie/ er schleimte sich bei ihren/seinen Chefs ein!

- *Unsere wirtschaftliche Lage erfordert durchgreifende Restrukturierungs- und Sanierungsmaßnahmen. Frau/Herr X scheidet aus diesen rein objektiven Gründen auf eigenen Wunsch hin aus...*
Frau/Herrn X wurde von Seiten des Arbeitnehmers nahe gelegt, zu gehen!

- *Wir wünschen ihr/ihm alles Gute und vor Allem Gesundheit...*
Sie/er war oft krank geschrieben!

- *Für ihre/seine Mitarbeit bedanken wir uns...*
...und tschüss!

- *Wir bedauern ihr/sein Ausscheiden...*
Das wirkliche Bedauern um das Ausscheiden dieser Person aus der Firma hält sich in Grenzen!
Sonst nämlich hätte im Zeugnis gestanden: Wir bedauern ihr/sein Ausscheiden sehr!

Ein ganz besonderes Augenmerk allerdings sollte auch auf die Unterschrift des jeweiligen Personalchefs gelegt werden!

Befindet sich unmittelbar hinter der Unterschrift ein kleiner Punkt, bedeutet dies: *Achtung - die betreffende Person ist aktives Gewerkschaftsmitglied!*

Und die sind ja bekanntlich selten beliebt…

Mit den oben angegebenen Texten warnen sich die betreffenden Personalchefs bereits im Voraus gegenseitig vor potentiell unerwünschten Mitarbeitern. *Wer bitte setzt sich schon gerne eine Laus in den Pelz?*

Es lohnt sich also in der Tat, beim nächsten Arbeitszeugnis etwas genauer hin zu schauen...

Diplom-Sozialarbeiter »*de Luxe*«

Das absolute Glanzstück der Akademie war allerdings Herr U., unser Diplom-Sozialarbeiter! *Jawohl, »Diplom-Sozialarbeiter« - so viel Zeit muss immerhin noch sein!*

Unter Anderem gehörte es zu seinen Aufgaben, den Jenigen, die sich bereits in einem Praktikum befanden, regelmäßig im Betrieb einen Besuch abzustatten, um sich persönlich davon zu überzeugen, dass die Dinge auch rund liefen. Eben so hatte er sich darum zu sorgen, dass Leute, die sich bei einer potentiellen Praktikumsfirma vorstellen sollten, rechtzeitig dort ankamen!

Dieser Mensch bekam schon ein Mal von Vorne herein gar Nichts auf die Masten. Anscheinend fehlte ihm jegliches Zeitgefühl. Das zeigte sich, als Heike, eine ältere Frau aus unserer Klasse, zu einem Bewerbungsgespräch bezüglich eines Praktikumsplatzes fahren sollte. Heike war bereits in den Startlöchern und kurz davor, los zu fahren. Herr U. nahm sie sich plötzlich zur Seite und blaffte: »*Nee, so können Sie auf gar keinen Fall in der Firma erscheinen! Was ist das überhaupt für ein unmöglicher Aufzug? Dieser Schlabberrock, das geht schon mal gar nicht! So können Sie sich auf gar keinen Fall bewerben! Sie fahren jetzt schön nach Hause und ziehen sich man wacker etwas Eleganteres an!*«

Heike versuchte ihm klar zu machen, dass sie in einer halben Stunde in der Firma sein müsse. Die Firma war nur knapp zehn Minuten von der Akademie entfernt. Nach Hause fahren könne sie nicht mehr, da alleine diese Strecke von der Akademie aus schon mindestens dreißig Minuten dauern würde. Bis sie sich umgezogen hätte und von Daheim aus zur Firma führe, seien dann knapp achtzig Minuten vergangen. *Das hieße konkret:* Sie würde mit knapp über einer Stunde Verspätung zum Gespräch eintrudeln!

Wir wussten, in welchem Vorort sie wohnte. Es stimmte; Heike hätte es unmöglich noch rechtzeitig schaffen können! *Es sei denn, sie wäre eine Brieftaube oder ein Jumbo-Jet!*

Außerdem war der Rock, den sie an diesem Tage trug, gar nicht mal so übel!

Herr U. jedenfalls war sich seiner Sache aber absolut sicher und begann, die arme Heike anzupflaumen. Sie solle man gehörig die Beine in die Hand nehmen. Er wurde immer lauter.

Donnerhacke - der Kerl konnte anscheinend wirklich nicht rechnen! Der musste sich seinen »*Diplom-Sozialarbeiter*« ganz eindeutig auf dem Dult geschossen haben!

Herr Z. versuchte, die Wogen zu glätten und Herrn U. - *genau wie wir Alle* - von seinem mehr als gewaltigen Irrtum zu überzeugen. Heike war mittlerweile so eingeschüchtert, dass sie die Schluchzer einfach nicht mehr zurück halten konnte. Mit einem heftigen Weinkrampf rannte sie hinaus auf den Gang. An diesem Tage war sie mit den Nerven fertig und konnte den Termin nur noch sausen lassen!

Den Praktikumsplatz konnte sie dann leider ebenfalls vergessen…

Ein anderes Mal kam Herr U. kurz nach der Pause völlig überraschend in den Unterrichtsraum gestürmt und schiss Malte, einen unserer Mitstreiter, vor versammelter Klasse gehörig zusammen!

Der Stein des Anstoßes: Malte habe an diesem Tage Frieda, eine Teilnehmerin, sexuell belästigt!

Malte fiel die Kinnlade erdwärts! Alles starrte ihn ungläubig an!

In diesem Augenblick sprang Frieda von ihrem Sitz hoch und schrie: »*Zum Donnerkeil, Herr U., jetzt hackt es aber man! Das war nicht der Malte - das war der Ulf! Ich hab's Ihnen aber gerade eben während der Pause noch lang und breit erklärt!*«

Der arme Malte saß verstört und wie angewurzelt auf seinem Platz, lief hochzinnoberrot an wie ein gekochter Hummer und wusste nicht mehr, wo Luv oder Lee war!

Herr Z., unser Dozent, schlug die Hände über dem Kopf zusammen und zog den völlig desorganisierten und eben so desorientierten Herrn U. zu einer kurzen Unterredung aus der Klasse! Ulf wurde zu Herrn Z. ins Büro zitiert. *Dieses Mal bekam der Richtige seine geharnischte Standpauke!*

Entschuldigt hatte sich unser genialer Herr »*Diplom-Sozialarbeiter*« bei Malte aber dann auch wieder nicht!

Höflichkeit ist eine Zier - *doch weiter kommt man ohne ihr…*

Mein Praktikum im Zoohandel

Nach Ablauf meines theoretischen Unterrichts hatte ich dann einen sechsmonatigen Praktikumsplatz, der ganz meinen persönlichen Vorstellungen entsprach: *Tierpflegerin in einem großen Zoohandel!*

Den Inhaber der Zoohandlung, Herrn F., kannte ich bereits seit Jahren persönlich. Oft hatten wir für unsere Tiere dort eingekauft, ja, selbst die Tiere stammten von ihm. Des Öfteren schon hatten wir an der Kasse das eine oder andere Gespräch geführt. Er kannte daher meine Einstellung zur Tierwelt sehr genau. Als ich nun nach einem Praktikumsplatz anfragte, ging es im Grunde nur noch um das Wann…

Anfang August 2000 trat ich dann meine Praktikantenstelle an. Es gefiel mir auf Anhieb. Schnell war ich mit den mir aufgetragenen Aufgaben vertraut und nach knapp drei Wochen hatte ich mich komplett eingearbeitet!

Zu meinen Tätigkeiten zählte das Reinigen und Neueinrichten der Käfige, Boxen, Vogelbauer, Volieren und Terrarien. Das war nicht gerade Wenig. Die Zoohandlung war riesengroß. Auch tierische Urlaubsgäste waren zu versorgen und zu betreuen. Nebenbei mussten Kundengespräche geführt und auch schon ein Mal Tiere für den Verkauf aus der Gruppe heraus gefangen und in entsprechend sichere Transportbehälter untergebracht werden. Der gesamte Dung musste entsorgt und die Futtereimer für den kommenden Tag neu gefüllt werden; die Räumlichkeiten hatten sauber zu sein. Des Weiteren hatte ich zwei jugendliche Praktikanten einzuweisen. Die Zeit läuft dem Pfleger quasi weg…

Manch Jemand denkt jetzt vielleicht, Zoohandel sei eine Schinderei. Dem muss ich allerdings ganz deutlich widersprechen. Für mich war es Erholung in Reinkultur!

Worauf es in der Tierpflege wirklich ankommt: Man muss voll und ganz dahinter stehen!

Es muss Einem bereits im Vorfeld klar sein, was an Arbeit letztendlich auf die Pflegerin/den Pfleger zukommt. Tiere sind, genau wie wir Menschen, Lebewesen - und genau wie wir benötigen sie Nahrung und verdauen entsprechend. Da fällt bei einigen Spezies eine ganz nette Menge an. Bei Meerschweinchen, Kaninchen oder Ratten zum Beispiel. Großsittiche sind auch nicht unbedingt ganz ohne. Die Tierpflegerin/der Tierpfleger schrubbt gerade den Boden der Voliere - *und plötzlich kackt ihr/ihm von Oben ein Graupapagei ins Genick!* Eine Großvoliere weiter befeuert Einen der Beo lustig mit Obststückchen!

Damit ist unbedingt und jederzeit zu rechnen. Der Pfleger streut den Südamerika-Raum neu ein - *und die munteren Chinchillas springen ihm quirlig auf den Rücken, weil sie gerade spielen wollen!*

In der Terrarienabteilung ist ganz besondere Vorsicht geboten. Hektische, unbedachte Bewegungen sind gerade hier möglichst zu vermeiden. Es muss absolute Gelassenheit bewahrt werden. Die Unruhe der Pflegerin/des Pflegers überträgt sich unmittelbar auf die oft stressanfälligen Reptilien. Jederzeit kann eine Schlange zubeißen - *selbst eine Ungiftige!*

Die Bisse einer hippeligen, halbwüchsigen Boa Constrictor, eines nervösen, wenige Monate jungen Tiger- oder Rautenpythons und der Angriff eines flegelhaften, südamerikanischen Hundskopfschlingers gehen durchaus gepflegt unter die Haut! Hängt ein solches Reptil auch scheinbar noch so ruhig, entspannt und gelassen in den Ästen - *im Falle einer plötzlichen Attacke können locker bis zu zwei Dritteln der Gesamtlänge des Tieres auf den Pfleger zukommen!*

Selbst Steppenwarane, Chamäleons oder Ritteranolis haben durchaus mal einen schlechten Tag!

Mehr als ein Mal habe ich das selbst schmerzhaft und blutig zu spüren bekommen. Das ist halt Berufsrisiko. *Auch, wenn sich das viele unbedarfte Menschen gerne so vorstellen:* Tierpflege hat nicht das Geringste mit »*Bambi-Idylle*« zu tun. Es ist knochenharte Arbeit, die zudem eine ganze Menge Fachkenntnisse, Geschick, Geduld und Konzentration erfordert!

Wenn das nötige Verständnis und die Bereitschaft fehlen, bringt der betreffenden Person gerade dieses Berufsbild überhaupt Nichts…

Wie es in sämtlichen Praktika üblich war, musste Herr U. jetzt selbstverständlich auch in der Zoohandlung seine Aufwartung machen!

Frau L., die stellvertretende Filialleiterin, hatte ich, eben so wie Herrn F., entsprechend vorgewarnt. Telefonisch hatte unser »*Diplom-Sozialarbeiter*« sich bereits mit der Zoohandlung in Verbindung gesetzt, um einen entsprechenden Termin und die Uhrzeit auszumachen. Herr F. sagte ihm, am Günstigsten wäre es um 14.00 Uhr. Von 12.00 – 12.30 Uhr nämlich hätte ich Pause. Ab 12.30 Uhr ginge er selbst ebenfalls in die Pause. Ab 14.00 Uhr seien wir dann Beide wieder zu sprechen!

Der besagte Tag kam – *und pünktlich um 13.00 Uhr stand Herr U. auf der Matte!* Frau L. stand gerade an der Kasse. Unser »*Diplom-Sozialarbeiter*« stellte sich gewichtig vor!

»Nee, mein Herr!«, sagte ihm die stellvertretende Filialleiterin, »Frau H. ist noch oben mit den Reptilien beschäftigt und Herr F. kommt erst um 14.00 Uhr aus der Pause zurück. Der sitzt gerade zu Tisch.«

»Oh, ja sicher…«, meinte daraufhin Herr U., »…ich war nun zufälligerweise schon in der Gegend und da dachte ich…«

»*Was* dachten Sie?«, grinste Frau L. ihn breit an.

»Nun ja…«, druckste Herr U. in seiner umständlichen Art, »…dann könnten Sie doch vielleicht Herrn F. mal eben telefonisch Bescheid geben, dass ich da bin. Das dauert auch nicht lange…«

Frau L. verschränkte die Arme und sah unseren »*Diplom-Sozialarbeiter*« mit ungläubigem Blick entgegen!

»*Was sind Sie denn für ein lustiges Männlein?*«, prustete sie, »Anscheinend haben Sie mich nicht richtig verstanden! Der Termin war um 14.00 Uhr ausgemacht, richtig? Der Boss hat Ihnen ausdrücklich gesagt, dass Sie um 14.00 Uhr kommen möchten. *Jetzt ist 13.00 Uhr und er sitzt zu Tisch! Ich hole den Boss doch jetzt Ihretwegen nicht vom Essen weg!* Er steht schließlich den ganzen Tag von Früh bis Spät im Geschäft! Da steht ihm auch mal eine warme Mahlzeit zu!«

»Ja, es wäre auch nur ausnahmsweise. Wissen Sie, ich bin leider etwas in Zeitnot…«

»*Das sind wir hier Alle!*«, rief Frau L., »*Wir haben unsere Zeit auch nicht zu verschenken! Na, wenn Sie heute nicht mehr können, dann rufen Sie den Boss an und vereinbaren einen neuen Termin! Ich wünsche Ihnen noch einen schönen Tag!*«

Damit wies sie Richtung Ausgang…

Wenige Tage später hatte Herr U. einen neuen Termin und hielt ihn sogar einigermaßen pünktlich ein! Herr F. sagte, dass er mit meiner Arbeit sehr zufrieden sei. Gerne könne ich Herrn U. durch die Abteilungen führen und die verschiedenen Bereiche zeigen. Voller Begeisterung nahm ich ihn sofort in die Terraristik-Abteilung, um ihn schnellstmöglich los zu werden. Seine Schlangen-Phobie war mir schließlich bekannt.Herr U. wurde bleich und hatte sofort einen kleinen Kloß im Hals. Nach nur zwei Minuten hatte er dann anscheinend auch genug gesehen und verabschiedete sich ziemlich flott…

Auch das schönste Praktikum geht irgendwann ein Mal zu Ende. Mit einer Festanstellung hatte es aber leider nicht geklappt. Herr F. hätte mich liebend gerne behalten und rechnete Monate lang hin und her. Selbst Henk und Udo, die Kollegen, hatten gehofft. Leider ließ sich auf finanzieller Ebene momentan Nichts machen. So bald sich die Lage entspanne, bekäme ich aber umgehend Bescheid!

An meinem letzten Praktikumstag überreichte Herr F. mir mit feuchten Augen einen großen Blumenstrauß! Ich hätte heulen können…

Damit war auch die gesamte Maßnahme zu Ende. Nach einiger Zeit war, wie ich erfuhr, Herr U., der geniale »*Diplom-Sozialarbeiter*«, ebenfalls nicht mehr auf der Akademie. Offenbar war er restlos überfordert und seinen Aufgaben einfach nicht mehr gewachsen.

Er wurde - *und das ist der wohl dickste Hammer!* - von seiner in

Scheidung lebenden Noch-Ehefrau, die ebenfalls als Sozialarbeiterin im Hause tätig war, abgelöst…

Sie sind zu alt!

Einige Zeit nach Beendigung des Lehrganges und des Praktikums sollte ich an einer weiteren Berufsfindungsmaßnahme teilnehmen. Diese ging über einen Zeitraum von vier Wochen und fand bei einer anderen Akademie statt.

Während dieser Zeit stellte sich heraus, dass der Beruf im Bereich der Tierpflege für mich geradezu ideal wäre. Frau I., die zuständige Sozialarbeiterin, schrieb auch einen entsprechend positiven Bericht an das zuständige Arbeitsamt…

Kurze Zeit später erhielt ich eine Einladung von Herrn A., meinem zu diesem Zeitpunkt aktuellen Arbeitsberater. Ein netter, älterer Mensch mit Verständnis. Er machte mir den Vorschlag, ich solle doch bei meinem ehemaligen Praktikumschef nachfragen, ob eine zweijährige Umschulung in der Zoohandlung möglich sei. Genau das tat ich dann auch umgehend. Herr F. war ebenfalls begeistert und sagte auch sofort zu!

Gleich im Anschluss an das Gespräch machte ich einen Termin bei Herrn A. aus. Er sagte mir, er selbst habe in der Zwischenzeit bereits mit dem Chef der Zoohandlung Rücksprache gehalten.

»Ja«, lächelte er, »Ihr ehemaliger Praktikumschef ist wirklich von Ihrer Arbeit und Ihrem Einsatz begeistert! Okay, dann machen wir das so. Sie fangen ab dem kommenden Monat ihre Umschulung zur Zooverkäuferin an. *Eines müssten Sie aber bitte für mich tun:* Ich brauche noch einen ausgefüllten Umschulungsvertrag von Ihrem Vorgesetzten. Wenn das schriftlich vor liegt, steht Ihrem Traumberuf Nichts mehr im Wege!«

Noch am selben Tage fuhr ich bei Herrn F. vorbei, um mir von ihm den entsprechenden Vertrag ausfüllen zu lassen. Herr F. meinte, leider habe er selbst die Vordrucke nicht im Hause. Ich solle mich an die zuständige Industrie- und Handelskammer wenden. Dort hätten sie die erforderlichen Unterlagen. Mit denen solle ich dann zurück zur Zoohandlung kommen. Gleich am kommenden Tage könne ich die Sachen ausgefüllt für das Arbeitsamt abholen!

Jetzt drückte ich auf die Tube und fuhr unmittelbar an das Gespräch zur Industrie- und Handelskammer, wo man mir die Unterlagen aushändigte. Dann ging es zurück zur Zoohandlung.

»Donnerwetter!«, staunte Herr F., »Sie waren ja man wirklich fix! Ich hätte nicht gedacht, dass Sie das heute noch schaffen! *Gut, dann machen wir das so:* Ich fülle den Umschulungsvertrag heute noch aus. Kommen Sie morgen Vormittag eben vorbei. Dann haben wir für das Arbeitsamt Alles parat!«

Gleich am kommenden Tag holte ich den ausgefüllten Umschulungsvertrag ab und fuhr umgehend zum Arbeitsamt. Herr A. setzte sich augenblicklich mit Herrn F. in Verbindung, um zu fragen, was er an Ausbildungsvergütung hinzu zahlen könne. Herr F. sagte, er wolle 350.- Euro monatlich zusteuern. Gut, meinte mein Arbeitsberater, dann bräuchte ich jetzt ja nur noch zum Berufskolleg, um mich nach den Unterrichtsmodulen zu erkundigen…

Nach dem Telefonat wandte sich Herr A. strahlend an mich: »So, Frau H., Ihr künftiger Chef ist bereit, 350.- Euro auf Ihre Umschulung drauf zu legen. Der Rest wird von Seiten des Arbeitsamtes übernommen. Sie fahren jetzt so schnell wie möglich zum Berufskolleg und erkundigen sich schon mal nach den Unterrichtsmodulen und den Zeiten. Ich gebe Ihnen dann kurzfristig Bescheid. Lassen Sie sich keine grauen Haare wachsen - das kriegen wir locker hin…«

Zwei Tage später bekam ich eine erneute Einladung von Seiten des Arbeitsamtes - *diesmal von einem Herrn J.!* Ja, es ging um meine geplante Umschulung zur Zooverkäuferin!

Freudestrahlend und erwartungsvoll saß ich - *quasi bereits in den Startlöchern!* - dann diesem Herrn J. gegenüber, einem noch jungen Mann, der anscheinend wohl gerade seine Laufbahn als Arbeitsberater begann. Etwas umständlich blätterte er in meinen Unterlagen herum und sah mich plötzlich an!

»Ich sehe hier gerade«, nuschelte er, »dass Sie Jahrgang 1963 sind…«

Hä? Was sollte das jetzt schon wieder?

»Ja, das stimmt.«, antwortete ich.

»Dann sind Sie jetzt also Neununddreißig…«, nickte Herr J. bedeutend.

Irgendwie kam mir diese ganze Sache nicht ganz geheuer vor. *Was stimmte denn jetzt wieder nicht?*

Plötzlich sah Herr J. mich mit ernstem Gesicht an. *In mir schrillten sämtliche Alarmglocken!*

»Sie wollen also eine Umschulung zur Zooverkäuferin machen…«, nuschelte er

»Das will ich, ja!«

»Nee, das machen wir nicht!«, meinte Herr J. lapidar, »Es tut mir Leid - *aber mit Neununddreißig?* Eine Umschulung können wir in diesem Falle nicht übernehmen…«

»Und warum nicht?«, hakte ich nach. Das Herz raste mir bis in den Hals!

»Sie sind zu alt!«

In meinem Schädel drehte sich Alles. Die Gedanken liefen im Zickzack. Das durfte doch jetzt nur ein Albtraum sein! *Vier Worte, vier Silben: »Sie sind zu alt!«*

Ruckartig erhob ich mich, griff nach meiner Handtasche und sagte: »Vielen Dank für den Hinweis! Dann hat man mal eine reelle Chance - *und gleich wird sie Einem wieder kaputt gemacht!* Wie gewonnen, so zerronnen! Mehr habe ich nicht zu sagen! Guten Tag…«

Damit verließ ich das Büro und trat hinaus auf den Gang. Das Nächste, woran ich mich erinnerte, war, dass ich mit dem Schlüssel in der Hand vor unserer Wohnungstüre stand. Der gesamte Weg vom Arbeitsamt bis nach Hause fehlte mir komplett. *War ich mit dem Bus gefahren oder zu Fuß gegangen?* Diese Zeit war einfach wie ausradiert!

Heinrich sah mein kreidebleiches Gesicht und konnte sich das Entscheidende gleich denken, ohne es auszusprechen. Er brachte mich zur Couch, reichte mir ein Glas Cola und eine Zigarette. Mir war nach Knochenkotzen. Langsam fand ich die Sprache wieder und erzählte mit stockenden Worten, was sich zugetragen hatte. Nach wenigen Minuten hatte ich mich so weit in der Gewalt, dass ich zum Telefon ging, um Herrn F. anzurufen und ihn über die Hiobsbotschaft in Kenntnis zu setzen. Kaum aber hatte ich nach dem Hörer gegriffen und angefangen zu wählen, stieg eine irrsinnige Übelkeit in mir hoch!

Ich knallte den Hörer wieder auf und hatte gerade noch Zeit genug, um ins Bad zu rennen und mich vor die Toilette zu knien. Im hohen Bogen würgte und kotzte ich mir den Schock aus dem Leib!

Heinrich übernahm den Anruf für mich und stellte auf Mithörtaste. Herr F. war fassungslos! Er holte mehrmals laut vernehmlich Luft und sagte zu Heinrich: »*Verdammt* - und ich war mir so sicher gewesen, dass die Umschulung mit Ihrer Frau klappt! Sie hat sich in dieser kurzen Zeit wirklich und wahrhaftig abgestrampelt! Oh, mein Gott… das tut mir jetzt wirklich von ganzem Herzen Leid! *Wie ist die Nummer von diesem Herrn J.? Den ruf' ich jetzt gleich mal persönlich an…*«

Kurz darauf war Heinrich in der Zoohandlung. Herr F. war zwar selbst in diesem Moment nicht anwesend, aber Frau L., die stellvertretende Filialleiterin, stand im Eingangsbereich. Sie machte wohl ebenfalls einen sehr geknickten Eindruck und erzählte Heinrich, was weiter geschehen war:

Gleich im Anschluss an diese niederschmetternde Nachricht sei Herr F. aufgebracht nach Oben in sein Büro gestürmt, um von dort aus zu telefonieren. *Noch nie hätte Frau L. die Bürotüre so knallen gehört!* Die dröhnende Stimme vom Boss sei bis nach Unten geklungen! *Herr J. habe in der Tat ein donnerndes R-Gespräch bekommen!*

Später sei Herr F. mit krebsrotem Gesicht wieder hinunter gekommen und habe mehrmals tief Luft geholt. Herr J., der Arbeitsberater, habe ihm soeben am Telefon gesagt, er ließe sich nicht unter Druck setzen. Auch nicht mit einem Anwalt. Dann würde er halt behaupten, dass das Förderbudget für dieses Jahr entsprechend ausgereizt sei…

Herr F. wiederum schrie zurück, dass er mir glaube. Er kenne mich schließlich lange genug. Ich hätte ihn niemals belogen. Er hätte mich im Anschluss an die Umschulung sogar - *und das sei auch bereits entsprechend abgeklärt!* - bei einem anderen Zoohandel unterbringen können!

Da sei eine angehende Mitarbeiterin, die wirklich gewillt sei, eine Umschulung zu machen! Ein Mensch, dem der betreffende Beruf wahrhaft am Herzen läge! *So viel Einsatz habe selbst noch kein Jugendlicher gebracht!* Es müsse wohl mal eher Jemand dem Arbeitsberater ganz gewaltig in den Arsch treten! Von wegen, Förderbudget ausgelaufen! *Herr J. habe schlicht ergreifend keinerlei Interesse, mein berufliches Weiterkommen zu fördern!* Genau so sähe es nämlich aus!

Darauf hin muss Herr J. wohl mit hämischem Unterton in den Hörer geprustet und in rotzigem Tonfall geantwortet haben: »Den Anwalt können Sie sich ersparen - denn das, was Sie da sagen, lieber Herr F., müssen Sie mir erst ein Mal nachweisen…«

Für mich war Eines glasklar: Herr A., der ursprüngliche Arbeitsberater, war eben mal kurzfristig der Fall entzogen worden - *weil er einer Neununddreißigjährigen eine reelle Chance geben wollte!*

Statt Dessen zog man ihn ab und setzte einen hoffnungslos eseligen Jungschnösel an seinen Tisch, der Menschen ab einem gewissen Alter zu »*Sockel-Arbeitslosen*« degradierte. *Er hatte die Macht* - und nutzte sie auch entsprechend weidlich und schamlos aus…

Was noch unbegreiflicher war: Keine zwei Wochen nach der niederschmetternden Nachricht wurde im Fernsehen ein Programm ausgestrahlt, in dem es darum ging, dass nicht mehr ganz so junge Menschen von Seiten der Arbeitsämter sogar forciert die Möglichkeit zu Umschulungen angeboten wurden! Entsprechende Beispiele wurden mit der Kamera begleitet und auch gezeigt!

Die Leute durften sich die entsprechenden Umschulungsbereiche sogar selbst suchen - *und das Projekt wurde finanziell im vollen Umfange durch die Arbeitsämter gefördert!*

Daher also hatte Herr A., mein ursprünglicher Arbeitsberater, mir diese Möglichkeit angeboten! *Er hatte mich nämlich für eben dieses Förderprogramm vorgesehen!*

Ich erfüllte die entsprechenden Voraussetzungen, hatte Alles an Unterlagen beigebracht, das von Seiten des Arbeitsamtes verlangt worden war, hatte Fahrgeld ausgegeben, war buchstäblich *»von*

Pontius zu Pilatus« gefahren - *und dann plötzlich passte so einem havarierten Janmaat meine Nase nicht!*

Wieso und warum Herr A. von meinem Fall abgesetzt wurde, ist mir völlig unbegreiflich. Ich wusste auch nicht, von wessen Seite das kam. Vielleicht hatte ich mich in der Vergangenheit zu oft gewehrt.

Für mich jedenfalls war damit der Traum einer wahren, beruflichen Karriere zerstört - *weil einem gewissen Mitarbeiter des Arbeitsamtes, Herrn J., der es ohne weiteres Aufhebens hätte möglich werden lassen können, zufälligerweise mein Zinken nicht passte...*

Haben Sie, liebe Leserinnen und Leser, sich übrigens schon ein Mal ernsthaft Gedanken darüber gemacht, weshalb bei Arbeitsamt oder Jobcenter nach spätestens zwei oder drei Terminen die zuständigen Sachbearbeiter/innen ausgetauscht werden?

Ganz einfach. Zwischen den Mitarbeiterinnen oder Mitarbeitern der Jobcenter und den »*Kunden*« darf es auf gar keinen Fall zu gegenseitigem, zwischenmenschlichem Verständnis oder Empathie kommen. Manch eine Sachbearbeiterin oder mancher Sachbearbeiter könnte sich den einen oder anderen »*Fall*« auf die Dauer zu sehr zu Herzen nehmen. Mitgefühl oder sogar wahre Freundschaften zwischen der Arbeitsvermittlung und den »*Kunden*« dürfen sich auf gar keinen Fall entwickeln!

Eine gewisse gegenseitige Distanz muss gewährleistet bleiben!

Nicht wenige Sachbearbeiterinnen/Sachbearbeiter fühlen sich dieser hoch emotionalen Situation auf die Dauer einfach nicht mehr gewachsen und wechseln schon sehr bald wieder in einen gänzlich anderen Beruf. Aus diesem Grunde werden nach spätestens zwei oder drei Terminen die zuständigen Jobcenter-Mitarbeiter/innen immer wieder für den jeweiligen »*Kunden*« ausgetauscht. Auf diese Weise bleibt gleichzeitig der verlangte Abstand dauerhaft gesichert...

Trostpreis: Verkaufstraining

An Statt eine Umschulung im Zoofachhandel zu absolvieren, wurde ich in einen siebenmonatigen Crash-Kurs Verkaufstraining gesteckt Die Unterrichtsmodule beinhalteten unter Anderem: kundenorientierter Verkauf, Kassentraining, Warenwirtschaft, Kalkulation, Rechnen und EDV. Eben so war für die letzten beiden Monate ein Betriebspraktikum vorgesehen. Außerdem kam noch Kosmetik hinzu.

Na toll, dachte ich, *Kosmetik!* Und was sollten diese fünf Monate theoretischer Crash-Kurs jetzt bringen? Ein halbherziger Blitzdurchgang, sonst Nichts! Im Grunde konnte ich diesen Lehrgang als jämmerlichen Trostpreis verstehen. Illusionen machte ich mir mittlerweile nämlich keine mehr. Die Letzten waren spätestens bei der geplatzten Umschulung zu Grabe getragen worden…

Bei dieser weiteren Akademie nahm ich nun im Jahre 2002 an diesem Lehrgang teil. Was für eine Art »*Lehrgang*« das war, wurde mir dann auch sehr schnell klar. Kassentraining kam während dieser Zeit ganze zwei oder drei Mal vor. Den Rest der Zeit saßen wir im Unterrichtsraum und spielten irgend welche Spiele. *Unsere Dozentin, Frau S., hatte bereits alles Mögliche mitgebracht:* Mensch-ärgere-dich-nicht, Memory, ein großes Ratequiz, Kartenspiele und - *last but not least!* - eine ausschweifende Erklärung, wie man »*Hangman*« spielt!

Donnerhacke, schoss mir durch den Kopf, *die Frau ist aber echt hoch motiviert!*

Kai, einer der Teilnehmer, meinte dazu nur: »Ja, was denkst du denn? Etwas Anderes hab´ ich gar nicht erst erwartet. Die sind doch selbst so dermaßen überfordert, dass sie schon längst nicht mehr wissen, was überhaupt sie mit uns noch anfangen sollen. So etwas erleb´ ich nicht zum ersten Mal...«

Henrike, eine Andere aus der Gruppe, zuckte nur die Schultern: »Es ist ein Witz, dass die mich hier rein gesteckt haben. Grundkenntnisse im Verkauf! Ich bin jetzt Anfang Fünfzig, habe knapp zweiunddreißig Jahre im Verkauf gearbeitet - *als ausgelernte Verkäuferin!* Als junges Deern bereits hab´ ich vor der Industrie- und Handelskammer meinen Schein gemacht. *Und zwar von der Pieke auf!* Was bitte also soll ich noch mit einem Verkaufstraining?«

Judith meinte resigniert: »Schaut mich mal an! Mein ganzer Körper ist voll mit Schuppenflechte! Die Kundschaft ekelt sich höchstens vor mir! *Donnerklütt - soll ich mir vielleicht im Geschäft permanent die grindigen Hände bandagieren?* Jemand wie ich hat im Verkauf doch schon ein Mal von Vorne herein gar keine Chance! Nicht mal auf einen Praktikumsplatz…«

Henk-Ove schnaubte: »Mich haben diese Betonköpfe hier rein gepfropft, weil angeblich im Bereich Schiffbau kein Lehrgang mehr frei war. Ich bin es gewohnt, fest zuzupacken, hab´ schon immer auf der Werft malocht. Jetzt kam mir mein Arbeitsberater daher mit der Begründung, besser im Verkaufstraining als arbeitslos…«

»Da kann er ja gleich versuchen, einem Elch das Schlittschuhlaufen beizubringen!«, gackste Judith.

»Genau so sieht es nämlich aus…«, bestätigte Henk-Ove.

Ja - so sah es in der Tat aus! Ein junges Deern war dabei, das mindestens zwei Mal wöchentlich während des Unterrichts einen »*petit mal*« bekam und umkippte. *Jessy litt an Epilepsie!*

Während der EDV-Stunden saßen wir im Computerraum und daddelten oder »*googelten*« fleißig. Gut, hin und wieder, wenn Herr D., der für diesen Block zuständige Dozent, entsprechend gelaunt war, wurde auch mal anständig und halbwegs themenorientiert unterrichtet…

Bei Frau S. durften wir dann eines Tages Butter herstellen. Jeder von uns sollte ein paar Scheiben Brot und ein kleines, sauberes Marmeladenglas mit Deckel mitbringen. Frau S. besorgte die saure Sahne und füllte jedem Teilnehmer was ins Glas. Dieses musste dann gut verschlossen und anständig geschüttelt werden. *Die ganze Klasse saß da und schüttelte!*

Irgendwann bildeten sich die ersten Klumpen. Wir schüttelten unsere Gläser, bis die Arme taub waren. Die goldgelben Klumpen wurden immer dicker und kompakter. Die restliche Buttersäure sollten wir dann ins Waschbecken kippen und nachspülen. Die Klumpen wurden auf einem großen Teller gesammelt. Kurz darauf saß die gesamte Klasse im Unterrichtsraum an den Tischen und ließ sich das Brot mit der selbst geschlagenen Butter schmecken!

Zur Belohnung wurden im Anschluss noch zwei Unterrichtsblöcke »*Hangman*« und »*Glücksquiz*« gespielt!

In »*Kosmetik*« fabrizierten wir aus Joghurt, Öl und Gurkenpampe eine erfrischende Gesichtsmaske und durften sie uns im Anschluss auch gegenseitig aufklatschen. Sogar die Herren hatten - *ganz entgegen der gewohnten Domäne!* - hautstraffende und vitalisierende Gurkenscheiben auf den Augen!

Nach zwanzig Minuten »*Einwirkzeit*« konnten wir uns das Gekleistere dann abspülen und waren entspannt und erfrischt bis zum Gehtnichtmehr!

Eine herrlich sinnlos verplemperte Zeit…

Und überhaupt: Was wollten wir eigentlich verkaufen? Es ging fast ausschließlich um Mode, Kosmetik und Lebensmittel. Was war beispielsweise, wenn Jemand Smartphones verkaufen wollte? Oder Schuhe und Stiefel? Oder Blumen und Ziergewächse? Wie sah es im Multi-Media-Bereich aus?

Verkauf hat unzählige Facetten. Ein/e Verkäufer/in bei Saturn oder Media-Markt muss fundierte Kenntnisse über elektrische Geräte haben, über Fernseher, Musikanlagen, Smartphones, Computer, Notebooks oder Digitalkameras. Dazu kommt noch das gesamte Sortiment an elektronischem Zubehör.

Ein/e Verkäufer/in im Gartencenter muss Ahnung haben von Aussaaten, Blütezeiten, Bodenbeschaffung, Anzucht und Beschnitt von Pflanzen. Eben so muss sie/er Kenntnisse besitzen, welche Pflanze für den Innenbereich und welche für den Außenbereich geschaffen ist, welches Kraut viel Sonne, eher Halbschatten oder sogar Schatten benötigt und welcher Dünger für welche Pflanze in Frage kommt.

Ein/e Verkäufer/in in der Zoohandlung muss fachgerechte

Kenntnisse über die Verbreitung, Zucht, Tragzeit, Verhaltensbiologie, Tierkrankheiten, Fütterungsintervalle und den natürlichen Lebensraum der verschiedenen Spezies haben. Sie/er muss wissen, welche Nahrung ein bestimmtes Tier benötigt, wie es zu halten ist und zu welchen Tageszeiten die Aktivitäten des entsprechenden Tieres liegen.

Eine Verkäuferin in einer Bäckerei muss Ahnung von den unterschiedlichsten Getreidesorten haben, muss wissen, welches Backwerk Gluten und Nüsse enthält. Eben so muss sie über Broteinheiten und Kilojoules Bescheid wissen oder welche Gebäcke magenfreundlich und für Diabetiker oder Allergiker geeignet sind.

Eine Verkäuferin in der Kosmetikbranche muss am Hautbild einer Kundin gleich erkennen, welche Pflegecremes sie empfiehlt oder welche Farben an Nagellack, Lidschatten, Eyeliner, Rouge, Lippenstift oder Kajal bei entsprechender Kleidung am Besten zur Geltung kommen.

Ein/e Verkäufer/in in der Musikbranche muss Ahnung von Musik haben, sei es nun Klassik, Gothic, Hardrock, Heintje oder den Kastelruther Spatzen. Sie/er muss über Fred Bertelmann, Lolita oder Freddy Quinn genau so informiert sein wie über Hiphop, Rave und Techno …

Das Bisschen, was uns in diesem Verkaufstraining vermittelt wurde, war also im Grunde weit mehr als dürftig. Immerhin kommt es auf den Bereich an, in dem man verkaufen möchte. In einer regelrechten innerbetrieblichen Umschulung wird dagegen speziell auf diesen Beruf zugeschnittenes Fachwissen gelehrt. Nach Abschluss der Prüfungen durch die Industrie- und Handelskammer ist der entsprechende Beruf dann in der Tasche! *Gelernt ist halt gelernt!*

Was hatten wir im Endeffekt gelernt? »*Stille Post*«, Quizspiele und »*Hangman*« brachten uns nicht sonderlich weiter…

Mein abschließendes Praktikum machte ich natürlich wieder bei Herrn F. in der Zoohandlung. *Ich sagte mir nur noch:* Hauptsache Spaß!

Eine einzige Teilnehmerin hatte im Anschluss an die Maßnahme einen Job. *Eine Einzige* - und wir übrigen Sechzehn fielen raus…

Rund herum im Ringelreihen

Irgendwann dann kam eine Arbeitsvermittlerin auf die Idee, ich könne doch als Ein-Euro-Jobberin für sechs Monate in einem katholischen Altenheim arbeiten - *im Kombüsenbereich!*

Schon als sie mir die Adresse des Altenheims nannte, bekam ich einen dicken Knoten in den Magen – *es war das Heim, das dem christlichen Orden unterstand!*

Dort sollte ich jetzt zum zweiten Male eine »Hafenrundfahrt« machen!

Mit reichlich tatterigen Knien und einem mehr als unguten Gefühl machte ich mich auf den Weg zum Altenheim. Kurz vor dem Eingang hätte ich fast gestreikt! Die bitterbösen Erfahrungen der Vergangenheit erzeugten in meinem Inneren ein Gefühl der massiven Beklemmung. Mein Herz raste und holperte genau wie damals. Die alte Panik und das Gefühl des Ekels kamen unweigerlich wieder hoch. Mir brach der kalte Schweiß aus. Draußen stand eine Bank. Ich nahm Platz und steckte mir zur Beruhigung erst ein Mal mit zitternden Händen eine Zigarette an. Der Magen schlingerte, mir war todsterbenselend. Die Knie waren wie Gummi und die Gedanken rasten. *Sollte ich es durchziehen oder kapitulieren?*

Mensch, Deern, schoss mir durch den Kopf, du musst das schaffen! *Nee - in dieses Haus setzt du keinen Fuß mehr!* Mädel, reiß′ dich gefälligst am Riemen! *Nein, ich kann nicht mehr!* Gib′ dir einen Ruck! *Nie und nimmer!* Du gehst da jetzt rein und stellst dich erneut vor! *Geh′ zur Telefonzelle, ruf′ die Arbeitsvermittlerin an und sag′ ihr, dass du das in diesem Hause einfach nicht mehr bringst...*

Letztendlich betrat ich das Gebäude doch und stellte mich vor. Gleich während des Gesprächs mit Frau C. erfuhr ich, dass das Haus nun einer gemeinnützigen Organisation unterstand. Der Orden hatte die Verantwortlichkeit für das Altenheim schon vor einigen Jahren abgegeben. Ein nicht geringer Teil des Personals sei inzwischen ausgetauscht worden. Zugleich erfuhr ich, dass Frau G., die Hauswirtschaftsleiterin, mittlerweile ebenfalls nicht mehr im Betrieb war!

Herr S., der unmögliche Hausmeister, der ständig die Mitarbeiterinnen angebaggert hatte, war bereits vor einiger Zeit verstorben...

Die neue Hauswirtschaftsleiterin, Frau V., nahm mich mit in den Kombüsenbereich und zeigte mir Alles. Ja, sie habe bereits gehört, was mir vor Jahren in diesem Hause passiert sei. Daher könne ich mir aussuchen, ob ich lieber in der Küche oder im Wäschereibereich arbeiten wolle. *Ich entschied mich ganz klar für die Wäscherei!*

Gut, meinte Frau V., allerdings hätte ich dann aber ausschließlich Spätschicht. Die Waschmaschinen würden erst nachmittags ab 14.00 Uhr von Ilka, einer Kollegin, in Betrieb genommen. Um 14.30 Uhr sei Dienstbeginn, Feierabend hätte ich dann um 19.30 Uhr. Die meiste Arbeit bestünde aus Wäsche patchen und bügeln. Zusätzlich solle ich noch die Kühl- und Vorratsräume reinigen. Viel Wäsche fiele nicht immer an. Auch solle ich bei Bedarf Kartoffeln schälen und mit Wasser bedeckt kühl stellen. Ich gab mein Okay...

Mit Ilka, meiner Wäschereikollegin, verstand ich mich auf Anhieb astrein. Sie war auch in meinem Alter und bereits vor einigen Jahren übers Sozialamt ins Haus gekommen. Da zu diesem Zeitpunkt gerade eine Stelle im Wäschereibereich frei war, wurde sie fest angestellt.

Glücklich allerdings war sie nicht. Sie fing zwei Stunden eher an als ich. Immer mehr war ihr im Laufe der Zeit aufgebürdet worden. Mittlerweile stand sie auch mit schöner Regelmäßigkeit in der Kombüse an der Spülmaschine und musste bei der Reinigung des Hauswirtschaftsbereiches fest mit anpacken. Sie portionierte die Mahlzeiten und schob sie in die Speisewagen. Zusätzlich war noch die Schmutzwäsche von den Etagen abzuholen und die frische Wäsche auf den Stationen zu verteilen. Alle vierzehn Tage hatte sie ein Wochenende frei. Ilka sah todmüde und erledigt aus. Oft genug rollten ihr während der Arbeit vor Erschöpfung die Tränen über die Wangen...

Zu Zweit schaffen ist erträglicher, denn geteiltes Leid ist halbes Leid. Nun befüllte ich die Waschmaschinen und Trockner, stand am Bügeltisch und faltete die Wäsche zusammen. Je nach Bedarf bereitete ich die Kartoffeleimer oder gewaschenes, geschnittenes und abgepacktes Gemüse für den Kühlraum vor und hielt die Vorratsräume in Schuss. Hin und wieder genehmigten Ilka und ich uns eine gemeinsame Tasse Kaffee und einen kleinen Klönschnack. Oft genug kamen schließlich von den Stationen noch halbvolle Kannen herunter. Frau V. und Co. waren ohnehin schon in den Feierabend gerauscht und konnten uns Nichts mehr wegschlürfen…

Eine Kombüsenmitarbeiterin, Sigrun, musste an der Blase operiert werden. Eine Zyste. Es wurde ein Bauchschnitt gemacht. Da ich mich auch mit Sigrun gut verstand, besuchte ich sie natürlich, brachte ihr Blumen und Kekse. Niemand sonst vom Kollegenteam ließ sich blicken. *Kaum aus dem Krankenhaus, stand sie schon wieder mit wackligen Beinen und unter Schmerzen vor den Kochmulden!*

Im Umkleideraum zeigte sie Ilka und mir ihre Wunde. Die Ränder waren noch rot und nässten. Sie hätte erst ein Mal vernünftig genesen müssen. Diese Zeit aber gab man ihr nicht. Sigrun hatte gefälligst zu kommen. Sie hielt durch, aus Angst vor einem möglichen Jobverlust…

Eine andere Mitarbeiterin, Claudia, brach wenige Wochen, nachdem sie aus dem Ein-Euro-Job in eine Aushilfsstelle übernommen wurde, plötzlich mit einem Gebärmuttermyom zusammen. Auch sie wurde operiert. Claudia hatte sogar kurz vor dem Eingriff von der Klinik aus noch im Altenheim anrufen lassen. *Kaum wieder Daheim, flatterte ihr die fristlose Kündigung ins Haus!*

So lief das halt. Kaum geheuert - schon gefeuert…

Eines Tages, unmittelbar vor meinem Feierabend, kam Frau V. in den Pausenhof und meinte, es seien einige gespendete Kissenbezüge vermisst. Mit Blumenmuster. Die müsse ich vor gut zwei Monaten noch gepatcht haben. Wo die denn seien? Ich müsse mich doch daran erinnern können!

Nee, sorry - konnte ich leider nicht! Nicht nach zwei Monaten!

Hatte die Frau einen Knall? In der Zwischenzeit hatte ich bereits alles Mögliche gepatcht. Containerweise. Da merkt man sich doch nicht jedes einzelne Stück. Im Laufe der Wochen waren so viele Textilien durch meine Hände gelaufen. *Was wusste ich also noch, was ich vor zwei Monaten gepatcht hatte?*

Frau V. hatte wohl einen besonders schlechten Tag. Jetzt ließ sie ihre Launen zur Abwechslung ein Mal an mir aus. Lautstark ranzte und belferte sie mich an. *Wo - zum Donner! - die Teile denn seien?*

»*Nee!*«, donnerte ich ihr eben so eindrucksvoll entgegen, »*Ich hab' die Textilien mit Sicherheit nicht gefressen! Also hören Sie auf, mich anzuranzen!*«

Dann hatte Frau V. endlich Feierabend und verzog sich kreischend!

Peer-Gunnar, ein junger straffällig gewordener Kollege, der wegen eines Verkehrsdeliktes seine Sozialstunden bei uns abbrummte und den Tumult hautnah mitbekommen hatte, warf mir einen Seitenblick zu, reichte mir eine Zigarette und meinte: »Donnerhacke, was für eine steife Brise! Die legt ja vielleicht eine filmreife Szene hin! Das, was diese Schreckschraube da betreibt, ist ja schon Mobbing…«

»Ich weiß…«, gab ich schmunzelnd zur Antwort, »…aber mir kann das mittlerweile echt egal sein. Das lässt mich so was von nordisch kalt. Glaubst du, ich nehm' diese Xanthippe noch Ernst? Ich lass' mir nur Nichts mehr gefallen. *An Eines denkt sie wohl nicht:* In knapp zwei Wochen hab' ich nämlich mein halbes Jahr rum. Dann darf sie sich einen neuen Janmaat suchen, den sie zusammenranzen kann…«

Wenige Minuten darauf kam Ilka und informierte mich, die vermissten Sachen seien im Spendenschrank wieder aufgetaucht!

Na, dachte ich, da kiekste wohl…

Zwei Wochen zickte Frau V. noch mit mir herum. Entschuldigt hat sie sich für ihren »*Irrtum*« nicht. Dann lief meine Zeit aus. Natürlich hätte ich noch für sechs Monate verlängern können, doch das verkniff ich mir in diesem Falle. Wenigstens hatte es keine unbezahlten Überstunden mehr gegeben!

Von Ilka und Sigrun verabschiedete ich mich mit einer dicken Umarmung. Den anderen Kolleginnen drückte ich die Hand. Der völlig verdatterten Frau V. nickte ich nicht ein Mal mehr zu!

Nach der Kittelübergabe schoss ich nur noch wie ein geölter Blitz in´s Freie…

»*Probearbeiten*« im Akkord

Einige Zeit später bekam ich von Seiten des Arbeitsamtes ein Stellenangebot für eine dreimonatige Probearbeit in einem Wäschepflegestudio aufgepfropft. Gleich, als ich dort wegen eines Vorstellungstermins anrief, wies die Inhaberin des Geschäftes mich darauf hin, sie sei schon des Öfteren mit Hartz-IV-Empfängerinnen herein gefallen. Sie selbst habe sich ihre Position sehr hart erkämpft. Ich sagte ihr, dass ich bereits in einer Altenheimwäscherei, aber noch nie in einem Wäschepflegestudio tätig war. Gerne aber wolle ich mir die entsprechenden Kenntnisse aneignen. Gut, meinte die Dame, dann wolle sie mich gerne ein Mal kennenlernen. Wir machten einen Termin aus.

Im Laufe des persönlichen Gespräches erklärte mir Frau M., die Inhaberin des Wäschestudios, dann, der Betrieb sei verhältnismäßig neu und erst seit wenigen Monaten eröffnet. Es seien ihr auch bereits mehrmals Hartz-IV-Empfängerinnen zugeschickt worden, die aber Alle nach wenigen Tagen bereits gescheitert seien. Sie wiederholte sich. Im Schnelldurchlauf zeigte sie mir die Maschinen und meinte dann, sie wolle es mit mir versuchen. Gleich am kommenden Tag solle ich für nachmittags zum Probearbeiten kommen…

Am nächsten Tag trat ich meinen Dienst an. Gleich nach der Mittagspause. Um 13.50 Uhr fand ich mich ein. Vor dem Geschäft standen bereits die ersten beiden Kundinnen mit ihren vollen Wäschekörben. Um 14.00 Uhr sollte das Wäschestudio geöffnet sein. Um 14.12 Uhr kam Frau M. gemütlich die Straße entlang geschlendert. Als sie die stöhnenden Kundinnen sah, flitzte sie plötzlich wie ein geölter Blitz auf den Laden zu und schloss schnell auf. Sie nahm die Schmutzwäsche entgegen und als die Leute fort waren, wurde ich gleich im Blitzdurchgang eingearbeitet. Es ging an die große Bügelstation. Der Tank zum Befeuchten der Wäsche war mit der hauseigenen Wasserleitung gekoppelt. Erst ein Mal waren Oberteile von Damen und Herren zu bügeln - *und zwar auf Kniff genau!* Dann kam Kinderwäsche dran. Selbst Jeansjacken mussten ganz akkurat gebügelt sein. Bereits da mäkelte Frau M. schon herum. *Nein - das ginge so nicht! Genau an der Naht sei noch ein kleines Fältchen!*

Sie stellte sich an die Bügelstation und nahm sich die Jeansjacke vor. »*Sehen Sie!*«, meinte sie triumphierend, »*So macht man das!*« Das Fältchen war nach wie vor deutlich im Stoff zu sehen!

Außer mir arbeitete noch Ulla, eine zweite Helferin, mit. Früh um sieben Uhr fing sie an und befüllte die Maschinen und Trockner. Mittags hatte sie eine kurze Pause von einer Stunde. Ulla kam aus einem weit entfernten Vorort und musste um kurz nach Fünf bereits das Haus verlassen. Um 18.30 Uhr hatte sie - *mit viel Glück* - dann endlich Feierabend!

Es sei ja nur für einen kurzen Übergang, meinte sie, die Chefin habe es ihr in die Hand versprochen. Ulla war bereits seit mehreren Monaten im Wäschepflegestudio beschäftigt. Auch sie hatte noch keinen ordnungsgemäßen Vertrag. Von Anfang an schob sie diesen zehneinhalbstündigen Mammut-Dienst. *Über mehrere Monate!* Da kann von einem »*kurzen Übergang*« ja wohl längst keine Rede mehr sein…

Am kommenden Nachmittag um 14.00 Uhr lief genau das gleiche Spiel. Als ich eintraf, standen mittlerweile fünf Kundinnen mit ihren Wäschepacken vor dem Geschäft und traten bereits ungeduldig von einem Bein auf das Andere. Eine der Frauen begann bereits vor sich hin zu meutern. *Dieses Mal verspätete sich Frau M. um ganze acht Minuten!* An Glasen hielt sie sich wohl anscheinend nie…

Dann sollte ich einen ganzen Stapel Kittel bügeln. Es sei ganz eilig, denn in cirka zwanzig Minuten sollten die Teile abgeholt werden! *Natürlich musste es wieder ultra-akkurat aussehen!* Ich war nun in massivem Zeitdruck und ließ die Finger fliegen, die ich mir auch mehrmals tüchtig am Bügelautomaten verbrannte.

»*Ja, sind Sie denn immer noch nicht fertig?*«, rief Frau M. aus dem vorderen Ladenbereich.

Langsam begannen meine Nerven zu brodeln. Also, wenn ich nun wirklich schon sehr auf die Tube drückte - *aber hexen und zaubern konnte ich beim besten Willen nicht!*

»Ja, nun beeilen Sie sich man! Hopp, hopp, mein Deern! Das muss schneller gehen! Legen Sie ein paar Knoten zu! Die Kundin kommt jeden Augenblick!«

Mir hingen die Nerven mittlerweile restlos auf dem Schlips!

Endlich kam die Kundin und nahm ihre Kittel mit. Natürlich hatte ich in den Augen der Chefin wieder ein Mal Alles falsch gemacht, was man nur falsch machen konnte. Im Anschluss sollten Männerhosen gebügelt werden. Frau M. stellte mir mit Pokergesicht den entsprechenden Korb hin. Ich hatte soeben die dritte Hose gebügelt und zusammengelegt. Bei der vierten Hose staunte ich nicht schlecht. An der Außenseite des Hosenbeines war - *sehr eselig und dilettantisch!* - ein durchsichtiges Stück Klebestreifen befestigt - und darin pappte, deutlich erkennbar, ein Ein-Euro-Stück!

Aha - ein Test! Vielleicht würde diese hinterhältige Spöke mich als Diebin entlarven!

Ich riss den Klebestreifen von der Hose, ging nach Vorne und legte Frau M. das Eurostück auf die Theke mit der Bemerkung: »Bitte sehr, mit bestem Dank zurück! Ein Langfinger bin ich nun wirklich nicht! Trotzdem ein netter Versuch, wenn auch reichlich stümperhaft…«

»Bei Hartz-IV-Empfängern kann man das halt nicht so genau wissen!«, zischte Frau M., »Die sind ja schließlich alle nicht gerade mit Reichtum geschlagen…«

»Ach, so ist das!«, zischte ich zurück, *»Hartz-IV-Empfänger sind also, nur weil sie nicht im Geld schwimmen, allesamt potentielle Gauner! Bravissimo! Eine echt tolle Einstellung! Super!«*

Frau M. baute sich vor mir auf: »Sagen Sie… was für eine Barke ist Ihnen denn über die Leber gefahren? *Wie reden Sie überhaupt mit mir?«*

»Ich rede so mit Ihnen, wie Sie mit mir reden«, brummte ich, »und wie Sie es wahrscheinlich längst nicht zum ersten Male tun. Erst ist Ihnen meine Arbeit permanent nicht gut genug und dann verbrenn′ ich mir auch noch die Flossen…«

»Flossen?«, japste Frau M., *»FLOSSEN? SAGEN SIE… SIND SIE EIN TIER?«*

»Zoologisch gesehen, ja!«, giftete ich zurück, »Der Mensch ist ein warmblütiges Wirbeltier! *Und ich sag' Ihnen noch was:* Ich hab' die Schnauze gestrichen voll! Meine weitere Tätigkeit hier können Sie knicken! Das war's! Ich mach' hier nicht länger den blöden Fiffi, der sich gnadenlos abzocken lässt! Ulla können Sie vielleicht was vorgaukeln - *mir aber nicht!* Ich lass' mich nicht einschüchtern! Kündigen können Sie mir ebenfalls nicht, denn Leibeigene werden bestenfalls getauscht oder verkauft! *Tschüss, machen Sie' s gut ...*«

Die Kollegin machte massive Überstunden, damit Frau M. die Ladenöffnungszeiten gemütlich verbummeln und die Kunden warten lassen konnte! *Als Chefin ein leuchtendes Beispiel an Impertinenz den Mitarbeitern und auch durch weit mehr als massive Unpünktlichkeit deutliche Ignoranz den Kunden gegenüber!* Die können ja gefälligst warten, bis endlich mal die »*Grand Madame*« erscheint und geruht, den Saftladen zu öffnen!

Dazu spuckte sie auf sämtliche Hartz-IV-Empfänger herunter. Alle waren sie potenzielle Diebe. Keiner von ihnen konnte gescheit arbeiten und ständig »*scheiterte*« Frau M. nur mit den Leuten vom Amt. Schon zwei Mal bereits hatte sie mir vorgejammert, wie unfähig und pröddelig Hartz-IV-Empfänger seien. *Die Leute vom Jobcenter sind ja alle lahm, unwillig und bescheuert!*

Ich hatte im Altenheim und auch im eigenen Haushalt lediglich am gewöhnlichen, haushaltsüblichen Bügeleisen gestanden. In ganz spezieller Wäschepflege hatte ich leider keine Erfahrung. Das hatte ich ihr aber auch bereits beim Vorgespräch klar und deutlich gesagt!

Wenn wir Hartz-IV-Leute es angeblich reihenweise nicht brachten: Warum zum Donner ging diese Spöke dann nicht hin und setzte eine ganz speziell gezielte Annonce mit eigens kreiertem Text in die Zeitung, an Statt sich immer nur an das Jobcenter zu halten? Dann bekäme sie auch, was sie suchte!

Aber nee, eine Annonce kostete ja schließlich Geld! Frau M. ließ sich lieber gratis ein paar Menschen vom Jobcenter schicken, die dann für maximal drei Monate den Tanzbären machten und Fronarbeit leisteten. Sehr bald waren die dann rausgegrauelt und verursachten ihr somit weder Lohnkosten noch Steuern. *Zack - und der Nächste, bitte!* Zum Malochen und Abasten waren wir gerade gut genug!

Ein »*Lückenbüßer*« löste praktisch den Anderen ab…

Es ging nicht mehr um Probearbeit für ein oder zwei Tage - *nee!* Drei Monate mussten es direkt sein! Natürlich franko, ohne Heuer! Nach spätestens drei Monaten hätte Frau M. nach dem Beschäftigungsgesetz nämlich Lohn und Steuern zahlen müssen - *inklusive einem ordentlichen Arbeitsvertrag!* Also schnell vorher schon möglichst wieder raus mit den Leuten! Sie hielt sich an den Arbeitskräften regelrecht schadlos! *So Etwas nennt man Ausbeuten!*

Nein, diese Frau hatte augenscheinlich von Vorne herein niemals die Absicht, Jemanden fest einzustellen. Selbst Ulla arbeitete ohne Papiere. *Warum wohl?* Frau M. wollte sich ganz offensichtlich auf Kosten des Jobcenters an den ihr anvertrauten Menschen hemmungslos gesund stoßen! Auch ein solches Verhalten nennt man Sozialschmarotzertum - *nämlich exakt das, was ja vom Volksmund im Allgemeinen permanent den Hartz-IV-Empfängern vorgeworfen wird!*

Strandhögg im großen Stil!

Ich rauschte an der verdutzten Ulla vorbei in den kleinen Aufenthaltsraum, packte meine Tasche und meine Jacke und verließ ohne ein weiteres Wort das Ladenlokal…

Natürlich informierte ich das Jobcenter entsprechend!

All zu lange ging es dann auch nicht mehr mit diesem Wäschepflegestudio. Knapp anderthalb Jahre später war das Ladenlokal ausgeräumt und geschlossen. Ich fuhr nämlich eines Tages zufällig mit dem Bus vorbei und sah das Schild »*ZU VERPACHTEN*« im Schaufenster hängen!

War das Frau M.s persönlicher, angeblich ach so »harter Kampf«? Wirklicher Erfolg sieht wohl anders aus…

Ja, je höher das Ross ist, auf das man sich setzt, desto tiefer fällt man. Frau M. muss wohl in der Tat sehr, sehr tief gefallen sein!

Übermut tut selten gut!

Was ich Frau M. von ganzem Herzen wünsche? Ein Jahr lang durchgehend Hartz IV mit sämtlichen Schikanen - *und »Probearbeiten« unter der Fuchtel einer Chefin, wie sie selbst einst Eine war...*

Ein-Euro-Job und VHS

Maike, meine langjährige, alte Freundin, war vor einigen Jahren im Rahmen einer Maßnahme als Ein-Euro-Jobberin in einem städtischen Altenheim tätig. Ihr gefiel es dort recht gut. Oft sprachen wir von ihrer dortigen Tätigkeit. Maike war in der hauseigenen Wäschereiabteilung als Büglerin eingesetzt. Nach sechs Monaten hatte sie, wie es bei Ein-Euro-Stellen allgemein üblich ist, die Möglichkeit, noch ein Mal ein halbes Jahr zu verlängern. Das tat sie auch.

Der Gedanke, ebenfalls in diese Maßnahme zu gehen, reizte mich. Nicht nur, weil Maike dort war. Sie hatte ihr Jahr fast hinter sich gebracht. Eine weitere Verlängerung würde es nicht mehr geben. Aber Maike hatte entsprechende Erfahrungen, die sie an mich weiter gab. Also sprach ich mit meiner Freundin. Die wiederum erzählte Vera, ihrer Vorarbeiterin, von mir und meiner Absicht, ebenfalls in dieses Haus kommen zu wollen. Vera war hoch erfreut und erklärte sich einverstanden!

Bei meinem nächsten Termin im zuständigen Jobcenter sprach ich meinen damaligen Arbeitsvermittler auf genau diese Maßnahme an. Herr E. meinte, er hätte in der Tat eine Ein-Euro-Maßnahme für mich vorgesehen. Also hängte er sich ans Telefon und setzte sich so wohl mit der zuständigen Projektleitung als auch mit dem Altenheim in Verbindung.

»Ja gut…«, meinte er, »wenn Sie das so wünschen, dann schicke ich Sie als Büglerin in diese Maßnahme! Die freuen sich übrigens schon sehr auf Sie!«

Herr E. druckte die entsprechenden Unterlagen aus und übergab sie mir. Daheim machte ich sogleich einen Termin mit der Projektleitung!

Im Nachhinein staunte ich wirklich. Es war eher eine Seltenheit, dass ein »*Kunde*« beim Jobcenter einen Vorschlag machte und sich damit auch durchsetzte. Gewöhnlich war das nämlich eher ganz und gar nicht die Regel. Auch mich hatte Herr E., wie er zugab, ursprünglich wieder in eine Kombüse setzen wollen. Es ist eine absolute Seltenheit, dass ein »*Kunde*« beim Jobcenter mit seinen eigenen Vorschlägen und Ideen Ernst genommen wird.

Allein der Ausdruck »*Kunde*« ist der reinste Hohn. Der Vergleich mag zwar hinkend sein, aber es ist fast so, als würde Jemand einen Wohnzimmerschrank in polierter Walnuss-Optik bestellen - *und bekäme von Seiten des Versandhandels letztendlich einen schäbigen, fleckigen Schreibtisch aus Pressholz vor die Türe geliefert!*

Das heißt im übertragenen Sinne: Die/der Händler/in bestimmt, was die Kundin/der Kunde gefälligst zu kaufen und zu benutzen hat! Es sind erstklassige Wohnzimmerschränke auf Lager in Hülle und Fülle, aber die/der Verkäufer/in will die wackligen Schreibtische los werden - *und zwar auf Biegen und Brechen!*

Beim Jobcenter läuft es nicht selten nach dem ähnlichen Prinzip. Gewöhnlich werden die persönlichen Vorstellungen, Fähigkeiten und Neigungen der Leute, die für eine Maßnahme vorgesehen sind, geflissentlich übergangen...

In meinem Falle hatte es jedoch überraschenderweise völlig reibungslos geklappt. Bereits drei Tage später saß ich dann Frau A., der zuständigen Projektleiterin, gegenüber. Sie erklärte mir auch gleich, dass während dieser Maßnahme ein Mal wöchentlich ein Unterrichtstag bei der Volkshochschule vorgesehen sei. Den Kursbereich konnte ich mir auch selbst aussuchen. Es gab EDV, Mathe, Fremdsprachen, Neue Deutsche Rechtschreibung, Kunst, Hauswirtschaft, Holz, Metall und Nähen. Ich entschied mich für die Bereiche Kunst und Neue Deutsche Rechtschreibung, die auch zeitgleich im selben Unterrichtsraum bei der selben Dozentin stattfinden sollten! *Das hieß:* Im vorderen Bereich fände die Neue Deutsche Rechtschreibung statt und die Kunstleute säßen im hinteren Teil!

Diese beiden Unterrichtsmodule waren auf die Dienstage gesetzt. An den übrigen Tagen würde ich in der Wäscherei des Altenheimes tätig sein. Es gäbe 1,50.- Euro Vergütung in der Stunde und auch die VHS-Tage würden bezahlt. Also neben dem gewohnten Hartz-IV-Satz noch neun Euro zusätzlich pro Tag! Pro Monat ergaben das immerhin knappe 180.- Euro extra! *Haben oder nicht haben?*

Da konnte man doch man wirklich nicht meckern…

Wenige Tage darauf trat ich meinen Ein-Euro-Job in der Wäscherei des Altenheimes an. Maike fiel mir bei meiner Ankunft gleich lachend um den Hals - *für sie war es ausgerechnet der letzte Tag!*

Vera, die Vorarbeiterin, nahm mich strahlend in Empfang und machte mich mit Ludmilla, einer fest angestellten Kollegin aus Weißrussland, bekannt. Ludmilla nahm mich sogleich freundschaftlich unter ihre Fittiche und zeigte mir den gesamten Wäschereibereich. Es gab eine kleine Waschküche, in dem neben den Waschmaschinen auch die Trockner in Betrieb genommen wurden. Ein Raum war für die Schmutzwäsche, ein zweiter Raum war für die gespendete Wäsche und im dritten Raum wurde gebügelt und gemangelt. Dort waren auch die Wäschewagen für die verschiedenen Stationen untergebracht. Ein Mal wöchentlich brachte Ludmilla die frische Wäsche nach Oben und verteilte sie an die Bewohnerinnen und Bewohner.

Schmutzwäsche holte sie täglich frühmorgens ab und brachte sie in den Sammelraum. Von dort aus kam die Wäsche dann nach Nebenan, wo sie gewaschen und getrocknet wurde. Dann ging es in den Bügelraum. Nach dem Falten wurde das Ganze namentlich auf die Stationswagen verteilt. Jede Bewohnerin und jeder Bewohner hatte sein eigenes Fach. Die Wäsche war mit den jeweiligen Namen gekennzeichnet. Auch Dienstbekleidung fiel in unseren Bereich.

Ludmilla begann ihre Schicht anderthalb Stunden vor mir. Wenn ich zum Dienst erschien, wartete der erste dicke Stoß Wäsche schon aufs Bügeln. Das heißt, ich konnte gleich los legen. Natürlich wurde auch hier Wert darauf gelegt, dass ordentlich gearbeitet wurde, doch es ging zu Mindestens noch längst nicht so extrem pingelig und überpenibel zu wie in einem Wäschepflegestudio!

Viele der Bewohnerinnen und Bewohner waren bettlägerig und nässten und koteten sich ständig ein. In manchen Fällen kam auch Erbrochenes hinzu. Zu peinlich genauer Kniff-Arbeit hätten wir daher die entsprechende Zeit auch gar nicht gehabt.

Das Meiste, was anfiel, waren Unterwäsche, Socken, Nachthemden und Pyjamas. Pullover kamen gar nicht in den Trockner, sondern wurde auf Wäschebügel in ein speziell dafür vorgesehenes Gestell gehängt. Blusen, Röcke und Hosen dagegen wurden akkurat gebügelt und auch zusammengelegt. Handtücher und Waschlappen wurden nach dem Trocknen gleich gefaltet und in den Hauswäschewagen verteilt, eben so die Bettwäsche. Gespendete Wäsche wurde nach dem Waschen und Trocknen erst ein Mal in den Spendenraum gebracht und dort eingeräumt, nach Damen- und Herrenwäsche getrennt. Bei Bedarf wurde dann schon mal das eine oder andere Kleidungsstück auf den Namen der jeweiligen Bewohner gepatcht und kam dann in den entsprechenden Stationswagen. Die alten Leutchen waren auch mit unserer Arbeit immer sehr zufrieden…

Zusätzlich war noch Ayten, eine weitere Ein-Euro-Jobberin, bei uns eingestellt. Mit ihr kam ich ebenfalls sehr gut klar. Sie war Kurdin. Wir Beiden arbeiteten praktisch Hand in Hand. Ludmilla konnte in Ruhe die Schmutzwäsche von den Stationen einsammeln und sich dennnoch absolut sicher sein, dass der Laden lief…

Die Dienstage in der VHS aber waren immer das absolute Highlight! Ich saß im Klassenraum ganz hinten bei den Kunstteilnehmern. Neben mir waren noch zwei andere Frauen da, Svantje und Birgit, die in anderen Arbeitsbereichen eingesetzt waren. Wir konnten frei gestalten, ganz nach unserem eigenen Gusto. Was wir brauchten, war da, was wir benötigten, wurde schnellstens nachbestellt. Wir brauchten lediglich Bescheid zu geben. Hinter uns stand ein Schrank, in dem sich alles Mögliche an Pinseln, Farben und Töpfen befand. Wir konnten wählen zwischen Acryl- und Plakatfarben.

Auch verschiedenfarbiger Glitter und Kleber war reichlich vorhanden. Dicke, feste Pappe zum Bemalen lag ebenfalls in unterschiedlichen Größen bereit. Holzbretter konnten wir uns aus der unteren Abteilung holen. *Die fertigen Kunstwerke konnten wir selbstverständlich auch behalten!*

Natürlich hatten wir ebenfalls noch die Möglichkeit, Specksteine zu bearbeiten. Die befanden sich in einem großen Karton ganz unten im Schrank, zusammen mit den entsprechenden Raspeln,

Feilen, Stahlwolle und Polieröl. Der Kreativität waren wirklich keine Grenzen gesetzt…

Svantje war Mitte Zwanzig und im Künstlerischen eben so begeistert dabei wie ich. Wir Beiden tauschten unsere Tipps regelmäßig aus und unterstützten uns auch gegenseitig bei unseren jeweiligen Kunstprojekten. *Wir hatten uns wirklich gesucht und gefunden!* Birgit, die Mittvierzigerin, war dagegen ziemlich menschenscheu und hatte sehr nah am Wasser gebaut. Sie lebte in ihrer eigenen, abgeschotteten Welt. Wir respektierten ihre Schrullen, ließen sie daher auch meist in Ruhe und behandelten sie mit höflicher Distanz…

Im vorderen Bereich unterrichtete Frau D., unsere nette, junge Dozentin, die übrigen Teilnehmer in intensiver Neuer Deutscher Rechtschreibung. Svantje und ich warfen mit schöner Regelmäßigkeit die Lauscher auf Radar und unterbrachen so manches Mal freiwillig unsere musischen Geistesblüten, um entsprechende Tests mitzuschreiben. Im Grunde genommen nahmen wir Beiden somit praktisch zeitgleich an zwei verschiedenen Kursrichtungen teil!

Es ist einfach Wahnsinn, was sich seit meiner eigenen Schulzeit im Laufe der letzten dreieinhalb Jahrzehnte an der deutschen Rechtschreibung so Alles geändert hatte! Zum Beispiel der Satz: »*Du machst mir angst und bange*«. Das war die alte Rechtschreibreform. Heute heißt es: »*Du machst mir Angst und Bange*«. Warum? »*Angst*« ist ein Hauptwort, eben so wie »*Bange*«. Früher hieß es: »*Ich meine es ernst*«. Heute wird »*Ernst*« grundsätzlich groß geschrieben, weil es sich hierbei - *genau wie zu früheren Zeiten* - eindeutig um ein Hauptwort handelt. Oder zum Beispiel das alte Wort »*Schiffahrt*«. Wörter mit drei aufeinander folgenden gleichen Buchstaben waren grundsätzlich auf's Schärfste verpönt. Heute dagegen heißt es »*Schifffahrt*«. Warum? »*Schiff*« schreibt man mit zwei f, »*Fahrt*« mit einem f. »*Schiff*« und »*Fahrt*« ergibt also zusammengefügt »*Schifffahrt*«. Ähnlich ist es mit dem früheren »*Seelefanten*«. Es ist ja kein Fant mit einer Seele, sondern ein See-Elefant! Wenn man sich den Trennungsstrich weg denkt, ergibt sich automatisch - *und auch logischerweise* - im zusammenhängenden Wort ein Seeelefant

Ähnlich ergeht es den Wörtern »*Weh*«, »*Recht*« oder »*Leid*«. In der Vergangenheit sagte man: »*Du tust mir weh*«. Mittlerweile heißt es: »*Du tust mir Weh*«. Dieser Umstand braucht Niemandem mehr nach der alten Schreibweise »*leid*« zu tun - *denn die Neue Deutsche Rechtschreibung hat Recht!*

Unzählige Beispiele könnten noch aufgeführt werden, was früher so, aber heute anders geschrieben wird und aus welchem Grund...

Mittlerweile gibt es noch einen neuen Begriff, der wohl fast Niemandem bekannt sein dürfte, weil er sich bislang auch noch nicht durchgesetzt hat. Wie nennt sich der Zustand, wenn Jemand genug getrunken hat, um den Durst gelöscht zu haben? *Satt? Undurstig? Gelabt? Geletzt? Abgefüllt?*

Nee - das Zauberwort heißt: »*sitt*«*!*

Satt ist man nach einer ausreichenden, festen Mahlzeit. Wünscht man allerdings kein weiteres Getränk mehr, heißt es:

»Nein, danke, ich bin *sitt*!«

Um diesen Begriff zu kennen, muss ein Mensch allerdings wirklich schon studiert haben...

Frau D., unsere Dozentin, befand sich mitten im Studium. Sie verdiente sich zwei Mal wöchentlich auf der VHS Etwas dazu, in dem sie Unterricht gab. Das Wissen, das sie an uns weiter reichte - *einschließlich der perfekten Zeichensetzung* - hatte sie von ihrem Professoren übernommen. *Das heißt:* Unsere neuesten Kenntnisse kommen praktisch also unmittelbar vom Campus!

Ich sag's ja: Willst du wirklich deinen Bildungsstand verbessern, geh' zur VHS! Die Fackeln der Weisheit eilen ihrem Ruf wahrhaftig weit voraus...

Irgendwann kam mir der leise Gedanke, dass sich mit meinem neu erworbenen Wissensstand doch auch etwas Sinnvolles anfangen lassen könne. Die Schreiberei lag mir schon immer. Meine Vergangenheit war sehr bewegt. Vielleicht könnte ich irgendwann ein Mal ein Buch schreiben. Die Vorstellung schlich sich im Laufe der Zeit immer tiefer ein. Das wäre doch wirklich ein Mal was. Mir war zwar noch nicht klar, wann das geschehen würde, aber dass ich diese Idee irgendwann in die Tat umsetzen würde, stand für mich praktisch fest. *Was nützt die beste Bildung, wenn man sie ungenutzt wieder einschlafen lässt?* Schließlich sollte das Ganze ja zu irgend Etwas gut gewesen sein…

Irgendwann erschien Ludmilla plötzlich von Jetzt auf Gleich nicht mehr in der Wäscherei. Zu Anfang dachte ich, sie hätte Urlaub genommen. Erst ein Mal übernahm Monika, eine andere Kollegin, die Stelle. Dann kam Elisabeth, eine ehemalige Ein-Euro-Jobberin, die fest übernommen worden war. Okay, ging mir durch den Kopf, bald wird Ludmilla ja wohl wieder da sein…

Doch aus den Tagen wurden Wochen. Elisabeth hielt noch immer die Stellung. Irgendwann sickerte durch, dass Ludmilla in ein anderes Altenheim versetzt worden war, weil sie dem Stress einfach nicht mehr standgehalten hatte. Was kein Wunder war. Sie hatte frühmorgens die Schmutzwäsche von den Stationen holen müssen, musste die Waschmaschinen und Trockner befüllen, mangeln, frische Wäsche an die Bewohnerschaft verteilen, eben so die Hauswäsche, z. B. Bettwäsche, Waschlappen, Handtücher, Tischdecken, Stoffservietten u. s. w. Zusätzlich war sie zwischendurch immer wieder in der Haupt- und Zwischenküche tätig, half beim Eindecken der Tische im Speisesaal oder bediente die Spülmaschine. *Sie stand also permanent unter extremem Hochdampf!*

In diesem anderen Altenheim wurden wohl deutlich weniger Anforderungen an sie gestellt…

Mittlerweile hatte ich mein Jahr um. Einige Monate später war ich freiwillig wieder da. *Auf ein Neues!* Elisabeth hielt noch immer die Stellung. Bis sie eines Tages durchdrehte und dem Angehörigen eines Bewohners gegenüber ziemlich pampig und ausfallend wurde. Eben so wie den Kolleginnen gegenüber. Auch sie stand unter extremem Stress. Man kam zu dem Schluss, dass es besser sei, sich von Elisabeth zu trennen. Was aus ihr geworden ist, weiß ich nicht…

Nach ihrem eben so plötzlichen Fortgang musste Monika wieder anrücken. Auch sie kreiselte zwischen Haupt- und Zwischenküche, Speisesaal, Spülmaschine, Stationen und Wäscherei herum. Wenige Tage darauf wurde uns Fatma vorgestellt. Sie sollte nun die Aufgaben übernehmen und in die Bresche springen. Fatma war eine sehr freundliche, gelassene Frau, die anscheinend auch Alles im Griff hatte. Nach knapp zwei Monaten aber war auch sie wieder fort...

Dann kam Vera auf mich zu. Ob ich mir vorstellen könne, die Stelle zu übernehmen. Selbstverständlich auf Steuerkarte. Für vormittags, vier Stunden. Nur zu den Urlaubszeiten oder im Krankheitsfalle bräuchte ich dann ausnahmsweise mal ganze Tage zu arbeiten. Das sei aber wirklich die Ausnahme! Ich sagte Vera, ich wolle mir das Ganze durch den Kopf gehen lassen...

Daheim dachte ich in aller Ruhe nach. *Sollte ich das wirklich machen?* Ludmilla hatte sich einst darauf eingelassen, eben so wie Elisabeth und später Fatma. Allen Dreien hatte Vera unisono das Gleiche erzählt. Alle Drei hatten kurz nach ihrer Einstellung permanent Vollzeit schieben müssen und waren innerhalb kürzester Zeit als reine Nervenwracks zusammengeklappt!

Einerseits: Die Tätigkeit in der Wäschereiabteilung machte mir wirklich Freude. *Andererseits:* Bei einer Festanstellung würde es längst nicht mehr nur bei der Wäschereiabteilung bleiben. Innerhalb kürzester Zeit hätte ich ebenfalls diesen extremen Dauerstress am Hals!

Nebenbei: Heinrich, mein Mann, leidet an COPD und erblindet. Er würde im Laufe der Zeit immer mehr auf meine Hilfe angewiesen sein. Würde ich das wirklich packen? *Und wenn ja, für wie lange?*

Es war paradox. Ich müsste praktisch meinen erkrankten, hilfebedürftigen Ehemann daheim im Stich lassen - *und mich um das Wohl fremder, erkrankter, hilfebedürftiger Menschen kümmern!*

Ich wog das Für und Wider sehr genau ab. Vera hatte den neuen Mitarbeiterinnen eine ganze Menge aufgetischt und ihnen süßen Honig um den Bart geschmiert. *Andersens Märchenstunde!* In den buntesten Tönen hatte sie den Leuten den Job schmackhaft gemacht. Immer wieder hatte sich letztendlich genau das Gegenteil gezeigt. Die Leute waren ziemlich bald zusammengeklappt und auf Nimmerwiedersehen verschwunden. Immer wieder fielen Mitarbeiterinnen weg. Jedes Mal, wenn oben in der Kombüse Kolleginnen ausfielen oder das Handtuch warfen, hatten sie anrücken müssen. Es ging praktisch permanent zu wie in einem Taubenschlag. Leute kamen, Leute gingen. Ich kannte das Trallalla in mehr als ausreichendem Maße. Und dass Kombüsenleute ausfielen, war eher die Regel als die Ausnahme. *Genau diesen Umstand aber hatte Vera ihnen nämlich wohlweislich nicht unter die Nase gerieben!*

Ludmilla hatte ein ganzes Jahrzehnt durchgehalten. Wie, war eine große Frage. Ihr Lächeln wurde immer schiefer und maskenhafter. Sie nahm seit Jahren Psychopharmaka und musste in gewissen Abständen immer wieder zur Kur. Dann war sie plötzlich versetzt worden. Wir sahen sie nie wieder.

Elisabeth hatte ganze zwei Jahre durchgehalten und war dann ebenfalls verschwunden. Bei Fatma hatte es bis zum endgültigen Zusammenbruch ganze zweieinhalb Monate gedauert. Ich hatte im Laufe meiner Hartz-IV-Maßnahme mit schöner Regelmäßigkeit diese ständigen Wechsel und Rotationen erlebt und wusste, es würde nicht nur ausschließlich beim Mini-Job in der Wäscherei bleiben. Mir selbst würde es auch nicht anders ergehen.

Am kommenden Tag teilte ich Vera meinen Entschluss mit. Sie müsse sich leider doch um eine andere Mitarbeiterin kümmern…

Zwischendurch gab es auf der Volkshochschule auch noch einen dicken Vaux pas: Wir bekamen einen Teilnehmer in die Klasse, Leif-Ole, einen Mittvierziger, dem von Seiten des Jobcenters neben seinem Ein-Euro-Job ein Kurs in Neuer Deutscher Rechtschreibung aufgebrummt worden war. Wenn Jemand wirklich seine bereits bestehenden Kenntnisse verbessern oder auffrischen will, ist das ja auch wirklich eine optimale Sache. *Besser als bei der VHS lernt man es nirgendwo!*

Die Sache hatte nur einen ganz gewaltigen Haken: Leif-Ole wollte seine Kenntnisse in Neuer Deutscher Rechtschreibung weder verbessern noch auffrischen. Er beherrschte überhaupt keinerlei Rechtschreibkenntnisse - *weil er nämlich absoluter Analphabet war!*

Leif-Ole war gerade ein Mal eben in der Lage, seinen Namen zu malen. Dies gelang ihm auch nur mit äußerster Mühe und Not. Über ein Jahrzehnt intensivstes Training hatte es ihn gekostet, bis er seinen Namen auf Papier bringen konnte. Ich hatte ihn dabei erlebt. Er musste sich in die Anwesenheitsliste eintragen. In diesem Moment erbat er sich absolute Ruhe aus. Die Klasse hielt die Luft an - *Leif-Ole musste sich konzentrieren!* Für seine vollständige Unterschrift brauchte er fast anderthalb Minuten!

Dabei war er alles Andere als dumm. Er besaß ein gutes Allgemeinwissen und beherrschte höfliche Umgangsformen. Das Allgemeinwissen hatte er aus dem Fernsehen und vom Hörensagen, die Umgangsform und Ausdrucksweise entstammte seinem Elternhaus. Bereits in der ersten Schulklasse hatte sich gezeigt, dass er mit dem ABC rein gar Nichts anzufangen wusste. Anfangs hatten die Lehrer sich noch Mühe gegeben. Als Leif-Ole aber nach einigen Monaten immer noch keinen einzigen Schritt weiter war, gaben sie es auf und zogen ihn praktisch nur noch von Jahr zu Jahr mit durch…

Im Alltag hatte Leif-Ole sich stets mit Geschick durchs Leben gemogelt. Beim Einkaufen zum Beispiel achtete er auf die Banderolen. Auf denen waren ja die entsprechenden Abbildungen der Doseninhalte zu sehen. Wollte er zum Beispiel eine Dose Bohnen, suchte er, bis er eine Banderole fand, auf der Bohnen abgebildet waren. Fand er nichts Entsprechendes, nahm er statt Dessen Gläser. Obst und Gemüse lagen direkt offen im Sortiment. Brot befand sich in der Blistertüte. Die LÄTTA-Margarine, die er so liebte, hatte lustige, kunterbunte Zeichen auf weißem Hintergrund…

Musste er zu einer Behörde, um einen Antrag auszufüllen, hatte er angeblich seine Brille vergessen. Manchmal erschien er auch mir verbundener rechter Hand. Die zuständigen Mitarbeiter/innen halfen ihm und füllten an seiner Stelle die Unterlagen aus. Lediglich das Jobcenter wusste Bescheid…

Dabei wollte Leif-Ole im Grunde nur Eines - *endlich das ABC beherrschen und Lesen und Schreiben können wie jeder Andere!*

Die Alphabetisierungskurse von Seiten des Jobcenters hatten ihn nicht weiter gebracht. Statt Dessen hatte er sich selbst nach entsprechenden Angeboten erkundigt und auch etliche dieser Kurse freiwillig belegt. Es brachte ihn keinen Schritt weiter. Der Unterricht war eine reine Tortur. Die Dozenten hatten alles Mögliche versucht, quasi von Zuckerbrot bis Peitsche. Während die übrigen Teilnehmer bereits die ersten vollständigen Sätze bildeten, steckte Leif-Ole immer noch verzweifelt bei seinem A!

Irgendwann war ein Dozent so dermaßen genervt von ihm, dass er ihn mitten aus dem laufenden Kurs warf und ihm zum Abschied nachschrie: »*Wir werfen keine Perlen vor die Säue! Warum zum Donnerkeil also sollten Sie hier überhaupt noch kreuzdumm herum sitzen und mir weiter Zeit und Nerven stehlen? An Ihnen ist doch ohnehin Hopfen und Malz verloren! Am Besten, Sie versuchen es gar nicht weiter! Sie werden für alle Zeiten ein Analphabet bleiben!*«

Hochkarätig ermutigend, oder?

Weit über ein Dutzend verschiedener Alphabetisierungskurse hatte Leif-Ole im Laufe seines Lebens bereits hinter sich. Die Meisten davon sogar aus eigenem, festem Entschluss. Doch alle Bemühungen scheiterten. Die Buchstaben schlängelten, zappelten und schwankten kreuz und quer über die Seiten, ergaben keinerlei Sinn. Einzeln nicht und zusammenhängend erst recht nicht. *Wann begann ein Buchstabe und wo ging er in den Nächsten über?* Die Unterrichtsstunden waren der pure Horror. Immer wieder aufs Neue erlitt er Schiffbruch. Leif-Ole versuchte es sogar mit Hypnose, um diesen Teufelskreis endlich zu durchbrechen. Er hatte verschiedene Ärzte konsultiert und Therapeuten aufgesucht. Niemand konnte ihm letztendlich helfen. *Es war ganz offensichtlich angeboren!*

Irgendwann musste Leif-Ole erkennen, dass er immer ein Analphabet bleiben würde. Er hatte sich endgültig damit abgefunden…

Und nun - *mit Mitte Vierzig!* - kam das Jobcenter daher und brummte ihm einen Intensivkurs in Neuer Deutscher Rechtschreibung auf! *Einem Menschen, der nicht ein Mal die alte deutsche Rechtschreibweise geschweige denn überhaupt die geringsten Grundlagen des ABC beherrschte!*

Da musste wohl Jemand - *wie beim Jobcenter gar nicht so unüblich* - nicht groß nachgedacht haben…

Leif-Ole besprach sich mit seinem Projektleiter und stand diesen Tag irgendwie durch. In der Woche darauf wurde er in die Holzabteilung versetzt…

Im Altenheim erschien dann plötzlich Roswitha. Zu Erst hielt ich sie für eine weitere Ein-Euro-Jobberin, doch das sollte ein gewaltiger Irrtum sein. Vera hatte sie angeheuert und ihr ebenfalls das Märchen von der Vier-Stunden-Woche und den »*ganz seltenen Ausnahmen*« aufgetischt. Sie sollte den Job übernehmen, der eigentlich für mich vorgesehen war. Freudig strahlte sie mich bei der Begrüßung an!

Donnerhacke, schoss mir durch den Kopf, die wird sich noch weit mehr als wundern…

Roswitha war sehr motiviert, fleißig und kollegial. Sie arbeitete sich überraschend schnell ein, war voller Elan. Vom ersten Tage an kamen wir astrein miteinander klar. In der ersten Woche versah sie auch Kurzdienst, wie versprochen.

Ab der zweiten Woche aber ging es dann richtig zur Sache! Gleich mehrere neue Kolleginnen aus dem Kombüsenbereich hatten das Handtuch geschmissen, weil sie restlos in den Reepen hingen!

Roswitha musste plötzlich ganze Tage schuften!

Mittlerweile war ich die letzte verbliebene Ein-Euro-Jobberin im Hause. Die Maßnahmen liefen aus; neue Kräfte kamen nicht mehr dazu. Alles, was ich noch tun konnte, war, Roswitha anzulernen und sie tatkräftig zu unterstützen während der kurzen Zeit, die mir noch im Hause blieb. Meine letzten beiden Monate waren angebrochen. Danach musste Roswitha alleine zuschauen, wie sie zurecht kam!

Während ich also die Waschmaschinen und Trockner befüllte und entlud, patchte, im Akkord bügelte, faltete, einsortierte und die Räume sauber hielt, kreiselte Roswitha auf den verschiedenen Stationen herum, sammelte Schmutzwäsche ein, arbeitete im Speisesaal, stand in der Spülküche, verteilte Hauswäsche, betätigte die Mangel und musste erneut in den Speisesaal. Im Anschluss taumelte sie, total abgekämpft und abgehetzt, wieder hinunter in den Bügelraum und stützte sich mit beiden Händen auf der Tischplatte ab!

Ihr anfänglicher Elan war mittlerweile endgültig den Fjord runter!

»Donnerklütt…«, keuchte sie mit hochzinnoberrotem Kopf,

»…Wencke…wie soll ich diesen ganzen verdammten Schietkram denn bloß packen, wenn du weg bist, hm? Kannst du mir das verraten?«

»Dann wird hier die Arbeit still stehen. Du wirst es erleben.«, seufzte ich, »Vorwarnen konnte ich dich ja leider nicht. Hätten wir uns nur man eher gekannt…«

»Die Arbeit rennt mir doch jetzt schon nach…«, schnaufte Roswitha, »…wer schmeißt denn dann die Wäschereiabteilung, hm? Noch mehr durchteilen kann ich mich nun man auch nicht…«

Ich zuckte die Schultern. »Ach, Vera wird mit Sicherheit irgend ein Deern aus der Kombüse bei den Hammelbeinen kriegen. Zur Not lässt sie sich schon was einfallen. Die kobert mit ihrem Seemannsgarn von Irgendwo her immer Leute ran. Oder Monika springt ein. Dass hier kompletter Stillstand herrscht, kann ich mir irgendwie auch nicht vorstellen. Und noch bin ich ja schließlich da…«

»Meine Hacke…«, stöhnte Roswitha mit weit aufgerissenen Augen, »…und ich dösiges Pröddel hab´ tatsächlich noch allen Ernstes geglaubt, dieser Job wäre eine echte Ringeltaube…«

»Ja«, lachte ich, »schnacken kann Vera wirklich gut, das stimmt! Mich hätte sie um ein Haar auch rumgekriegt. Aber eben auch nur um ein Haar. Nee, das hab´ ich mir wirklich sehr reiflich überlegt…«

Roswitha legte mir den Arm um die Schulter: »Weißt du was? *Schietegal!* Vera ist schon weg! Komm, geh´n wir rüber in den Pausenraum, ´nen Kaffee trinken und Eine dampfen…«

Wenige Wochen vor meiner endgültigen Verabschiedung hatten wir noch einen ganz erschütternden Fall!

Sönke, ein junger Mann von Ende Zwanzig, wurde über eine Zeitarbeitsfirma zu uns versetzt. Er sollte oben in der Pflege für sechs Wochen die Urlaubsvertretung eines fest angestellten Kollegen übernehmen. Von Seiten des Personaldienstleisters wurde ihm gesagt, die Aussicht auf eine Festanstellung sei sogar sehr groß!

Sönke freute sich unbändig. Eine Festanstellung war genau das, was er anstrebte! Immerhin hatte er eine junge Frau und zwei kleine

Kinder, für die er sorgen wollte. Obendrein war er examinierter Altenpfleger. *Für ihn zählte diese Tätigkeit nicht nur als Beruf, sondern als Berufung!* Und er wäre endgültig von diesem Personaldienstleister fort…

Gleich von Anfang an fügte er sich super in den Kollegenkreis ein und nahm sich hingebungsvoll der alten Leute an. Er hielt ihnen die Schnabeltasse, fütterte sie, wischte ihnen die Münder ab, streichelte ihnen über die runzligen Wangen, hielt ihre welken Hände, sang mit ihnen und fuhr sie in ihren Rollstühlen zum Speisesaal. Selbst die heftigen, verbalen Wutausbrüche und Spuck-Attacken der Dementen nahm er mit absolutem Gleichmut. Sönke ging in seiner Arbeit regelrecht auf, schreckte auch vor Wochenenddienst und den verschiedenen Schichten nicht zurück. *Er war der geborene Pfleger!*

Tatsächlich hieß es bald, der junge Familienvater bekomme einen Festvertrag. Sönke rannte umgehend wie ein geölter Blitz hinunter in die Wäschereiabteilung und teilte uns freudestrahlend die Neuigkeit mit. Roswitha und ich freuten uns natürlich sehr für ihn. *Etwas Besseres konnte ihm doch überhaupt nicht passieren!* Und die alten Leute hätten ebenfalls eine feste Bezugsperson!

Doch es sollte anders kommen. Irgendwann, kurz vor Beendigung dieser sechs Wochen, erschien er plötzlich leichenblass und am ganzen Leibe bebend im Bügelraum. Er war total gebrochen. *Soeben hatte er von Seiten des Altenheimes erfahren, dass es mit der Festanstellung nun doch Nichts würde!*

Sönke hatte sich umgehend ans Telefon gehängt und mit dieser Zeitarbeitsfirma in Verbindung gesetzt. Dort hieß es dann plötzlich in recht rotzigem Tonfall, von einer in Aussicht gestellten Festanstellung sei niemals die Rede gewesen! *Es war Alles umsonst!*

Roswitha und ich waren ehrlich erschüttert!

Das war nun der Dank für die Mühen! Der arme Sönke war am Boden zerstört. Er stand total unter Schock, zitterte am ganzen Leib; in seinen Augen glitzerten Tränen. Seine Lippen bebten. Wir reichten ihm ein Glas Wasser, versuchten, ihn zu trösten und sprachen ihm Mut zu. Er erhob sich vom Hocker, zog seinen Dienstkittel aus, hängte ihn draußen im Gang über den Schmutzwäschewagen und schlich in die Männerumkleide. Wenige Minuten später ging er mit hängenden Schultern den Korridor entlang, stieg schweigend in den Aufzug und verschwand!

Wir sahen ihn nie wieder…

Ja, ich konnte Sönkes Gefühlsaufruhr sehr gut nachvollziehen und wusste nur zu genau, was sich in diesem Augenblick tief in seinem Inneren abspielte. Nur zu gut erinnerte ich mich an den Tag, an dem mir ein unwilliger Mitarbeiter des Arbeitsamtes meine Chancen auf eine Umschulung im Zoofachhandel und somit meine weitere, berufliche Zukunft ein- für alle Male zerstört hatte. Dieser Eindruck, das Ganze könne nur ein böser Traum sein. Das Nichtbegreifen, dieser Tunnelblick, das zeitweilige Ausblenden, bis die bestehenden Tatsachen einfach nicht mehr auszublenden sind. Die Leere im Kopf, das Gefühl des Versagens. Der revoltierende Magen, die beklemmende Empfindung der völligen Hoffnungslosigkeit. Diese Vorstellung, im rasanten Tempo ins finstere, bodenlose Nichts zu stürzen und zu ersticken. *Das Gefühl, als würde dir langsam die Luft abgeschnürt…*

Gedemütigter als in solch einer Situation kann sich ein Mensch wohl kaum fühlen…

Nun war meine eigene Maßnahme auch beendet. Roswitha und ich sahen uns hin und wieder und telefonierten auch regelmäßig miteinander. «

Sehr bald war auch sie nicht mehr im Team. Knapp elf Monate, nachdem sie den »*Mini-Job*« im Altenheim angetreten hatte, warf sie endgültig das Handtuch!

Fast ein Dreivierteljahr hatte Roswitha sich überwiegend in Vollzeit zwischen Wäscherei, Küche und Putzdienst abstrampeln müssen. Nur jedes zweite Wochenende hatte ihr zur freien Verfügung gestanden. Ihre Freizeit konnte sie praktisch knicken. Mehr als ein Mal war Roswitha aus dem Wochenende geklingelt worden, weil wieder ein Mal ganz plötzlich Leute ausgefallen waren. Schon wenn das Telefon ging, zuckte sie heftig zusammen. Die an sie gestellten Ansprüche wurden mit der Zeit immer umfangreicher.

Undank ist nun ein Mal der Welten Lohn!

Mittlerweile litt Roswitha an massiven Schlafstörungen und Übelkeit, kam innerlich einfach nicht mehr zur Ruhe. Ihre einst rosigen, rundlichen Wangen waren bleich und eingefallen. Der Kreislauf spielte regelrecht Jojo. Mal war er ganz oben, mal sackte er tief hinunter in den Keller. Selbst ihren zweiwöchigen Urlaub konnte sie nicht mehr genießen. Ständig musste sie abrufbereit sein. Ständig diese Springerdienste. *Bald war auch sie diesem permanenten Dauerstress, der Schönfärberei und den pausenlosen, falschen Versprechungen nicht mehr gewachsen!*

Am Schluss hatte sie restlos kapituliert und reichte ihre Kündigung ein! *Es war voraus zu sehen...*

Noch ein Wort zum Thema Zeitarbeit:

Was Bengt, einem Bekannten, passiert ist, lässt sich mit Worten kaum fassen! Er erhielt eines guten Tages über das Jobcenter ein Stellenangebot von einem namhaft großen Arbeitnehmerüberlasser zugesandt. Das Angebot interessierte ihn und er machte umgehend einen telefonischen Vorstellungstermin aus. An besagtem Tag dort angekommen, teilte man ihm mit, in der angegebenen Branche sei momentan Nichts frei und man habe auch Nichts in dieser Richtung gesucht. Auf seine Frage bekam Bengt zur Antwort, man habe ihn lediglich angeschrieben und einbestellt, um - *im Namen des zuständigen Jobcenters!* - seine »*Arbeitswilligkeit*« zu überprüfen!

Dazu fehlen schlicht die nötigen Worte…

Nebenbei: Grundsätzlich sollte man für den Fall, dass man sich bei einem Personalüberlasser bewirbt, sehr genau aufpassen. Einige Zeitarbeitsfirmen wenden nämlich besondere Tricks an, um sich später aus der Verantwortung zu stehlen. Mehrere Personen aus meinem eigenen Verwandten- und Bekanntenkreis machten entsprechende Erfahrungen.

Diese Tricks bestehen unter Anderem aus:

- *<u>Aufhebungsverträge</u>* (die potentiellen Leiharbeiter/innen sollen gleich eine so genannte »*Blanko-Kündigung*« unterzeichnen, in dem sie sich bereits im Vorfeld einverstanden erklären, im Ernstfall die Firma »*in gegenseitigem Einvernehmen*« zu verlassen). *Achtung:* Dies wird Ihnen später bei erneuter Arbeitslosmeldung eine Sperrzeit einbringen!

- *abgemogelte Kündigungsschreiben* (die/der Leiharbeiter/in wird genötigt, eine Kündigung zu unterschreiben, deren gesetzliche Kündigungsfrist einen Monat enthält - trotzdem im ursprünglichen Arbeitsvertrag eine Kündigungsfrist von drei Monaten enthalten ist).
- *zurückdatierte Kündigung* (auf diese Weise soll die/der Leiharbeitnehmer/in deutlich eher aus dem Unternehmen ausscheiden).
- Oftmals wird der/dem Leiharbeiter/in sogar von Vorne herein der Kontakt zu den fest angestellten Mitarbeiter/innen, zu Kunden *(selbst ehemaligen Kunden und Mitarbeiter/innen)* rigoros untersagt, eben so wie zu anderen Leiharbeiter/innen.
- Es gibt Zeitarbeitsfirmen, die die ausschließlich 37,5 Wochenstunden zahlen. Arbeitet die/der Leiharbeiter/in die volle Wochenstundenzahl *(und darüber hinaus noch am Wochenende!)*, werden diese Wochenendzuschläge für Sa./So. komplett von Seiten der Zeitarbeitsfirma einkassiert!
- Eine große, bekannte Zeitarbeitsfirma verlangt von den potentiellen Mitarbeiterinnen/Mitarbeitern - *gleich nach Unterzeichnung eines Arbeitsvertrages!* - eine so genannte »*Schweigepflichtentbindung*« der Krankenkasse zu unterzeichnen, damit der Arbeitgeber jederzeiit überprüfen kann, was der versicherten Person fehlte bzw. wie lange genau sie krank war.

Dies muss selbstverständlich noch längst nicht bedeuten, dass die hier angeführten Beispiele grundsätzlich für sämtliche Leiharbeitsunternehmen gelten. Allerdings gibt es in dieser Branche immer wieder »*schwarze Schafe*«. Machen Sie sich bereits im Vorfeld entsprechende Notizen, schreiben Sie sich für Sie persönlich relevante Fragen auf und stellen Sie Diese auch. Haken Sie forciert nach, wenn Ihnen im Vorgespräch Etwas unklar ist. Lesen Sie sich iden Arbeitsvertrag sehr genau durch, selbst das Kleingedruckte. Es geht schließlich um Ihr künftiges Einkommen - *nicht um das Einkommen des Leih-*

unternehmers!
Daher solllte man die Augen und Ohren immer offen halten...

Alle Jahre wieder

Zwei Mal pro Jahr werden von Seiten des Jobcenters Folgeanträge verschickt, die von den »*Kunden*« vollständig auszufüllen und umgehend zurück zu senden sind. Unter Anderem muss mit schöner Regelmäßigkeit eine Kopie des bestehenden Mietvertrages beigefügt werden. Der normal denkende Mensch sollte doch meinen, eine einmalige Kopie sollte reichen. *Warum also jedes halbe Jahr?*

Hat sich in den persönlichen Verhältnissen wirklich Etwas geändert *(z. B. Anschrift, Hausname, Größe der Bedarfsgemeinschaft, Telefonnummer, Kontonummer, Bank- oder Krankenkassenwechsel, Selbstständigkeit, Erwerb eines KFZ-Scheines, Untervermietung, Mieterhöhung, Familienstand, Geburten, Todesfälle, Arbeitsaufnahme, Invalidität etc.),* ist das auch durchaus einzusehen. Daran kann sich im Laufe der Zeit ja immer mal Etwas ändern.

Was aber bitte ändert sich an dem eigentlichen Inhalt eines bestehenden, schriftlichen Mietvertrages? Wieso werden Unterlagen, an denen sich definitiv Nichts ändern kann, alle sechs Monate immer wieder auf's Neue angefordert – *von auch noch exakt den selben namentlich genannten Sachbearbeiterinnen/Sachbearbeitern?*

Was geschieht mit diesen Unterlagen? Sie sind stets unauffindbar. Irgend Etwas muss doch damit geschehen. *Werden diese Kopien etwa gefressen?* Irgendwo bitte müssen diese zugesendeten Unterlagen doch wohl bleiben…

Ähnlich tumb und dösig war die Sache mit den Energieversorgern. In unserem speziellen Falle z. B. ging es um ein jährliches »*Guthaben*« bei den Strom- und Heizkosten. Das Jobcenter war durchaus in der Lage, jederzeit die entsprechenden Informationen beim zuständigen Versorger einzuholen. Eben so können die Jobcenter-Mitarbeiter/innen jederzeit die Konten überprüfen, wissen also über finanzielle Ein- und Ausgänge *(Hartz IV oder Renten)* ihrer »*Kunden*« bestens Bescheid.

Was allerdings diese spezielle Überprüfung anging: Da warf man sich nicht gerade in die Dollen…

Heinrich und ich sind bereits vor Jahren dazu übergegangen, freiwillig höhere Abschlagszahlungen zu leisten, um beim Gesamtjahresverbrauch keine Nachzahlungen mehr erbringen zu müssen.

Die regulären Stromkosten pro Monat liegen bei 70.- Euro. Heinrich und ich zahlen freiwillig 110.- Euro. Das macht insgesamt eine Mehrzahlung von 40.- Euro!

Die regulären Heizkosten pro Monat liegen bei 190.- Euro. Wir aber zahlen freiwillig 240.- Euro.

Das ergibt also gesamt monatlich eine freiwillig geleistete Überzahlung von 90.- Euro!

Diesen Betrag sparen wir das gesamte Jahr über durch gescheites und sehr überlegtes Haushalten ein. Es wird nicht aufs Geratewohl wild herum geaast. Ja, wir leben relativ sparsam. Wir gehen weder ins Kino noch in die Kneipe oder in den Zoo. Das Fernsehen und die eigenen Tiere genügen uns vollkommen.

Eben so verzichten wir auf teure Putzmittel. Eine Toilette z. B. lässt sich durchaus auch mit ein wenig Spülmittel ausscheuern und glänzt eben so. Bei uns wird selten Etwas fort geworfen. Was auszubessern ist, wird auch ausgebessert. Winzige Löcher in Socken z. B. können gestopft werden.

Wir brauchen auch keinen Pizza-Service. Überkommt uns wirklich hin und wieder mal der entsprechende Appetit - *wenige hundert Meter von unserem Wohnhaus entfernt gibt es bereits einen preiswerten Lebensmittel-Diskonter mit einer gut sortierten Kühltruhe!*

Möchte ich mir beispielsweise mal einen Pullover, einen Schal oder eine Mütze stricken, brauche ich nicht gleich in ein teures Kaufhaus zu stürmen oder eine spezielle Woll-Boutique zu bemühen. Wozu bitte gibt es Ein-Euro-Shops? An der Qualität des dort angebotenen Strickgarns ändert sich ja schließlich Nichts - *nur am Preis ist es ein ganz gewaltiger Unterschied!*

An Statt in einen vollkommen überteuerten Parfüm-Tempel zu gehen, leiste ich mir lieber hin und wieder mal ein sehr erschwingliches, aber deshalb nicht minder wohlriechendes, gleichwertiges Duftwässerchen am Straßenstand. Flacon, Farbe, Inhalt, Mischung und Odeur betragen exakt 1:1 - *nur halt eben nicht unter dem allgemein bekannten, exclusiven Markennamen!*

Warum also für ein Produkt bis zu 60.- Euro zahlen, wenn es auch für knapp unter 4.- Euro geht?

Getragene, aber gut erhaltene Kleidungsstücke, ausgemusterter, sehr preisgünstiger Modeschmuck, selten getragene Schuhe, gebrauchte CDs, DVDs und gute Bücher gibt es recht preiswert auf dem alljährlichen Trödelmarkt und in Second-Hand-Shops!

Es muss wirklich nicht Alles brandneu sein…

Sind es nur ein oder zwei Haltestellen bis zu einem bestimmten Ziel, wird *(außer, wenn es sich um Heinrich handelt)* die Strecke selbstverständlich per Pedes zurück gelegt. Das ist gesund, fördert die Mobilität und spart letztlich enorm Fahrtkosten ein - *auf's gesamte Jahr gerechnet rentiert sich das wahrhaftig!*

Das waren jetzt auch nur einige Beispiele. Der Mensch kann durchaus recht sparsam leben und braucht dennnoch nicht auf alles Mögliche zu verzichten. Man muss nur permanent Augen und Ohren offen halten, regelmäßig Sonderangebote studieren und wissen, wo man was kauft…

Steht nur ein begrenztes, finanzielles Budget zur Verfügung, kann man nun mal einfach nicht über seine Verhältnisse leben. Die bestehenden Umstände alleine zwingen schon zu Vernunft und Sparsamkeit. Aus eben diesem Grunde sind wir auch in der Lage, diese 90.- Euro pro Monat zusätzlich an den Energieversorger zu zahlen. Da wir beim Energieverbrauch eben so sparsam sind, haben wir bei der Jahresabrechnung statt eines »*Solls*« auch regelmäßig ein »*Haben*«!

Das heißt letztendlich: Der Energieversorger hält den tatsächlich verbrauchten Betrag ein; der Rest wird uns als »*Guthaben*« zurück erstattet. Das sind durchaus bis zu mehrere hundert Euro pro Jahr - *und es ist sehr mühsam angespartes Geld!*

Überlegtes, umsichtiges und sparsames Handeln ist schließlich kein Verbrechen!

Hierüber war das Jobcenter auch bereits seit Langem unterrichtet. Eine Kopie des Schreibens von Seiten des Energieversorgers hatten wir auch eingereicht, zusammen mit einem sehr ausführlichen, erklärenden Brief unsererseits!

Trotzdem hatte es sich mittlerweile eingebürgert, dass wir diese ausführliche Erklärung auf Verlangen immer und immer wieder von Jahr zu Jahr auf's Neue geben mussten. Man sollte meinen, dass die Erkenntnis mittlerweile bei den entsprechenden Mitarbeiterinnen/Mitarbeitern des Jobcenters so langsam durchgedrungen sein musste. Nee, alle Jahre wieder reichten wir die gleiche, zermürbende Erklärung ein - *und immer und immer wieder bei den namentlich selben Sachbearbeiterinnen!*

Außer dem jeweils entsprechend aktuell angegebenen Datum änderte sich im Grunde rein gar Nichts - *es blieb anscheinend in den Köpfen einfach nicht hängen!*

Typisch Behörden-Pepita!

Allerdings dürfen seit August 2016 von Seiten des Energieversorgers zurückgezahlte Guthaben von den Jobcentern nicht mehr zurückgefordert werden, da sich die Gesetzeslage geändert hat...

Ja, manchmal ist es in der Tat zum Mäuse melken! Das Ganze - *sinnlose Papierverschwendung, unnütze Schreiberei* - wäre nicht nötig gewesen, wenn diese bereits seit Jahren dauerhaft zuständigen und anscheinend eben so dauerhaft träumenden, kleinkarierten Leutchen sich die hierzu entsprechend eingesandten Kopien - *inclusive des ausführlichen Erklärungsschreibens* - zur Abwechslung ein Mal genau durchgelesen und Diese vielleicht auch eingescannt hätten, an Statt sie nach dem postalischen Eingang immer wieder gleich dem Schredder zu überantworten.

Somit hätten sie sich nicht immer und immer wieder alljährlich auf's Neue zu fragen brauchen, wo verteufelt denn dieses ominöse »*Guthaben*« nun schon wieder her kommt!

Ich sag's ja - alle Jahre wieder…

Menschliche Schicksale

Hin und wieder kann man nur ungläubig den Kopf schütteln, wenn Einem zu Ohren kommt, was einigen »*Kunden*« der Arbeitsämter und Jobcenter passiert. Selbst persönliche Einzelschicksale scheinen in manchen speziellen Fällen nicht wirklich eine Rolle zu spielen.

Was ist mit Menschen, die sich wahrhaftig in einer absoluten Ausnahmesituation befinden? Wie wird z.B. die trauernde Witwe behandelt, die erst jüngst ihren Mann verloren hat? Wie behandelt man die alleinerziehende Mutter, die sich um ihre schwerbehinderten Zwillingskinder sorgen muss? Was ist mit dem Mittfünfziger, der sich selbst nach einem Unfall noch an einer Gehhilfe zum Bewerbungscenter quälen muss? Wie werden solche hochsensiblen Schicksale behandelt?

Von einigen dieser Schicksale habe ich bereits in diesem Buch berichtet. So z.B. von Uwe, dem Epilepsie-Patienten, der - *ungeachtet seiner Erkrankung!* - in einen Metaller-Lehrgang verfrachtet wurde. Von Holger, der - *trotz seiner halbseitigen Körperlähmung!* - im Rollstuhl am Demontagewerkstisch saß und schrauben sollte. Eben so von Leif-Ole, dem absoluten Analphabeten, dem ein Kurs in Neuer Deutscher Rechtschreibung zugemutet wurde!

Während einer meiner letzten Maßnahmen lernte ich Petra kennen, eine Frau in den Fünfzigern. Sie war bereits seit einigen Jahren verwitwet. Ihre Geschichte war erschütternd. In einem persönlichen Gespräch erfuhr ich, wie es zum Tode ihres Mannes kam und was dann geschah:

Petras Mann, der immer kerngesund schien, war eines Tages vollkommen unvermutet zusammengebrochen und umgehend in die Klinik eingeliefert worden. Dort angekommen, hatte sich heraus gestellt, dass es sich um einen Herzinfarkt handelte. Der Patient wurde auf die Intensivstation verlegt. Petra war täglich mehrere Stunden an der Seite ihres Mannes, bangte, zitterte und hoffte. Doch bereits nach wenigen Tagen ereilte ihn ein zweiter Infarkt, an dem er leider auch verstarb. Petra musste sich, noch vollkommen unter dem Einfluss des Schocks stehend, nun um die Beisetzung kümmern!

Knapp einen Monat nach dem Tode ihres Mannes flatterte ihr dann unvermittelt ein Schreiben des Jobcenters ins Haus mit der Aufforderung, sich nach einem neuen, kleineren Domizil umzuschauen!

Begründung: Die bisher bewohnte, eheliche Wohnung sei nun für eine Einzelperson knappe vier Quadratmeter zu groß!

Es war ein völlig unsensibles, amtlich verfasstes Schriftstück. *Wie Petra diese zusätzliche Hiobsnachricht neben ihrer Seelennot auch noch verkraften sollte, blieb ihr selbst überlassen!*

Als sie mir das erzählte, konnte ich erst ein Mal Nichts mehr sagen. Mir fehlten in diesem Moment schlicht die Worte! Wie unsensibel, schoss mir durch den Kopf, können Behörden denn nur sein? *Durfte ein frisch verwitweter Mensch nicht ein Mal in Ruhe trauern?* Wie konnte es sein, dass ihm - *nur weil er vom Amt lebt!* - noch nicht ein Mal mehr eine angemessene Trauerzeit gestattet wurde?

Es war der wohl höchste Gipfel der Unmenschlichkeit…

Wiebke, eine andere Teilnehmerin, hatte ein von Geburt an schwerbehindertes Zwillingspaar und stand ohne Partner im Leben. Täglich fuhr sie ihre Kinder zu einer Spezialschule und holte sie an den Nachmittagen auch wieder ab. Nebenbei stand der gesamte Haushalt an. Die Behörde war, was die beiden Kinder anging, auch sehr ausführlich informiert.

Eines Tages erhielt Wiebke dann ein Schreiben von Seiten des Jobcenters. Sie solle binnen weniger Tage an einem mehrmonatigen Bewerbungslehrgang teil nehmen. Wenn die zuständige Sachbearbeiterin auch über die Handicaps der Kinder wusste - *nach einer eventuell zusätzlichen, häuslichen Betreuungsmöglichkeit während der Zeit des Lehrganges fragte sie nicht…*

Während einer anderen Maßnahme erlebte ich, wie ein Neuzugang, ein Mann in den Fünfzigern, auf einer Krücke in den EDV-Raum gehumpelt kam. Der einzige noch freie PC-Platz war dicht am Fenster. Bei dem unbeholfenen Versuch, sich zu setzen, riss der Teilnehmer einen Blumenkübel zu Boden!

Ein anderer Mitstreiter, der sich unmittelbar neben diesem Mann befand, packte geistesgegenwärtig zu und verhinderte einen Sturz in die Scherben. Die Dozentin kam angesaust, entfernte das Malheur und fragte dabei den Neuzugang, was denn mit seinem Bein sei. Er krempelte vorsichtig den Hosenschlag hoch, entblößte ein geschwollenes Knie, lockerte ein Pflaster und präsentierte eine verhältnismäßig frische, leicht gerötete Wunde, in der noch die Fäden steckten!

»*Eine Knie-OP...*«, knirschte der Mann, »*...bin im strömenden Regen auf dem Bürgersteig ausgerutscht und blöde auf die Bordsteinkante geknallt... jetzt kann ich nur hoffen, dass Nichts zurück bleibt...*«

»*Das müssen Sie aber doch dem Jobcenter mitteilen!*«, platzte die Dozentin heraus, »*In diesem Zustand können Sie unmöglich hier sitzen! Das geht ja man gar nicht!*«

»*Ha!*«, pfiff der Neuzugang angestrengt durch die Zähne, »*Was glauben Sie, wo ich so eben her komme?* Gerade heute früh war mein Termin. Anfang der vergangenen Woche hatte ich die OP. Übermorgen sollen die Fäden raus. Das interessiert diesen Menschen vom Jobcenter doch nicht die Bohne. *Zack - eine Eingliederungsvereinbarung! Gültig ab dem heutigen Tage!* Mein Arbeitsvermittler meinte, etwas Bewegung täte dem Knie ja immerhin auch ganz gut...«

Hoppla, dachte ich - *ja, ging es denn noch?*

Die Dozentin fragte nach dem Namen dieses Arbeitsvermittlers und lief nach Vorne in die Anmeldung. Kurz darauf erschien sie wieder und teilte dem Mann mit, ihre Chefin habe beim Jobcenter angerufen; die Angelegenheit sei geklärt. Er solle erst ein Mal zwei Wochen nachgenesen!

Der Neuzugang wuchtete sich keuchend hoch, griff nach seiner Gehhilfe, bedankte sich herzlich und humpelte mühsam und steifbeinig, aber tapfer hinaus auf den Gang...

Gerade an diesen Beispielen ist zu erkennen, wie sehr es einigen Mitarbeiterinnen und Mitarbeitern der Jobcenter an Feinfühligkeit mangelt. »*Sensibilität*« und »*Taktgefühl*« scheinen in manchen Fällen in der Tat absolute Fremdwörter zu sein!

Ausdrücklich jedoch sei gesagt: Einige Mitarbeiterinnen und Mitarbeiter - *nicht Alle!* Niemals darf ein solch extrem menschenverachtendes Fehlverhalten grundsätzlich verallgemeinert werden!

Es handelt sich immer noch um Ausnahmen!

Anzuführen sei als Beispiel:

Kurz, nachdem Heinrich, mein Mann, im Anschluss an seinem eigenen Krankenhausaufenthalt mit der gebrochenen Schulter laborierte, hatte auch ich einen Termin beim zuständigen Jobcenter und erhielt eben so eine Eingliederungsvereinbarung. Frau C., meine damalige Arbeitsvermittlerin, der ich übrigens auch Fotos der verletzten Schulter meines Mannes zeigte, gewährte mir sogar einen zeitlichen Aufschub, um mir die Möglichkeit zu bieten, Heinrich in den ersten Wochen Daheim zu unterstützen! Die Maßnahme brauchte ich erst nach seiner Genesung anzutreten!

So herum geht es nämlich auch!

Nein, es können wirklich nicht ausnahmslos sämtliche Jobcenter-Mitarbeiter/innen über einen Löffel barbiert werden. *Es gibt sie, die gravierenden Unterschiede!*

Nämlich Menschen mit Herz und Empathie!

Wie sind die Arbeitsbedingungen in den Jobcentern?

Selbstverständlich müssen wir uns auch ein Mal Gedanken um den Alltag jener Personen machen, die uns im Amt am anderen Ende des Schreibtisches gegenüber sitzen. Nicht wenige Menschen denken vielleicht, ein Posten beim Jobcenter sei das reinste Zuckerschlecken. Eine geregelte Arbeitszeit von Acht bis Zwölf, drei bis fünf Gespräche, ein paar Eingliederungsvereinbarungen tippen, Kaffee trinken, eben ein lustiger Klönschnack mit der Kollegin/dem Kollegen am Kopierer, kurze Telefonanrufe entgegen nehmen *(oder abwimmeln!)* und dann schon wieder vergnügt in den Feierabend. Ein netter Kollegenkreis, ein gutes Gehalt, Urlaubs- und Weihnachtszulagen - *und den »Kunden« gegenüber hemmungslos die eigene Macht ausspielen!*

Doch entspricht diese Vorstellung wirklich der Realität? *Mit Sicherheit nicht!*

Ich habe mich im Internet mal ein Wenig schlau gemacht und entsprechend recherchiert. *Dabei stellte sich heraus, dass die tatsächliche Sachlage ganz anders aussieht:*

Die meisten Sachbearbeiter/innen finden sich bereits um sechs Uhr in der Frühe im Jobcenter ein. Erst ein Mal muss die neu eingegangene Post durchgesehen und Anträge bearbeitet werden. Das alleine kostet bereits eine Menge Zeit. Zudem müssen die Sachbearbeiter/innen die für diesen Tag anstehenden Termine durchgehen und sich auf die jeweiligen Gespräche entsprechend vorbereiten. Oft genug sitzt der Sachbearbeiterin/dem Sachbearbeiter dann gleich morgens um acht Uhr ein übelst gelaunter Zeitgenosse mit einer massiven Alkoholfahne gegenüber, der sich aufregt, warum sein Antrag immer noch nicht bearbeitet sei. Zum nächsten Termin erscheint eine junge, ziemlich überforderte, allein erziehende Mutter mit einem dauerschreienden Kleinkind auf dem Arm, das eine normale Unterhaltung praktisch unmöglich macht. Anschließend nimmt ein ausländischer Neubürger Platz, der praktisch kaum ein Wort der hiesigen Sprache versteht und mühsam mit Händen und

Füßen radebrecht. Dann kommt ein Mensch dran, der einfach nur dankbar ist, dass er zu Mindest einen Ein-Euro-Job angeboten bekommt. Der Letzte für diesen Tag mag vielleicht ein widerspenstiger »*Null-Bock-Teenager*« sein, der hartnäckig eine Weiterbildung verweigert...

Termine mit »*Kunden*« finden in der Regel im Stundentakt statt. Zwischen den Terminen müssen Anträge bearbeitet werden. Ab dem Mittag dann müssen Berichte geschrieben und telefonisch bei den verschiedenen Firmen um freie Plätze geworben werden. Zwischendurch dann greift man eventuell noch einer/einem brandneuen Kollegin/Kollegen unter die Arme, die/der eingearbeitet werden muss. Mittlerweile hängt der Magen in den Knien. *Mal eben zur Kantine?* Geht nicht. Zwei Kolleginnen/Kollegen sind im Krankenstand. Deren Arbeit muss miterledigt werden. Auf dem Tisch liegt noch ein ganzer Stapel Anträge, die bearbeitet werden müssen...

Man sieht also: Die Tätigkeit in Jobcentern ist emotional außerordentlich belastend. Die einseitige Ausrichtung des Controllings führt zwangsläufig dazu, dass sich Arbeitsvermittler/innen bevorzugt um leicht vermittelbare Hartz IV- Empfänger/innen *(»marktnahe Kunden«)* kümmern müssen, um ihre Zielmarken zu erfüllen. Leistungsbezieher/innen, deren Chancen schlecht stehen *(»marktferne Kunden«)* werden verwaltet und/oder in verschiedene Maßnahmen gepfropft. Studien zu Folge wird diese einseitige Controlling-Effizienz als sinnloses Scheinbild wahr genommen.

Als letzte Bewältigungsstrategie bleibt den Sachbearbeiterinnen/Sachbearbeitern oft nur der Rückzug in Weisungen und Gesetze, was nicht selten von den Hilfesuchenden als blanke »*Paragraphen-Reiterei*« empfunden wird. Oftmals ruft dieses Verhalten der Sachbearbeiterin/des Sachbearbeiters in den »*Kunden*« aggressive Reaktionen hervor. Reaktionen der hilflosen Ohnmacht. Bringt die/der Sachbearbeiter/in dem »*Kunden*« gegenüber allerdings Empathie und offenes Verständnis entgegen, erweckt er dagegen oftmals Erwartungen, die schlicht unerfüllbar sind.

Berechnungen einer Online-Befragung zeigen, dass die Tätigkeit in Jobcentern tatsächlich überdurchschnittlich belastend ist. Der kritische Schwellenwert wird mit 44,6 % der in Jobcentern tätigen Personen überschritten. Selbst Justizvollzugsangestellte und Polizeibeamte, die ja ebenfalls in emotional schwierigen Bereichen tätig sind, schneiden prozentual deutlich besser ab!

Es gab bereits Einzelfälle, bei denen Arbeitsvermittler/innen mehr als 400 Hartz IV-Empfänger betreuen sollten. *Vorgeschrieben sind eigentlich 75 Hilfesuchende!*

Mitarbeiter/innen des Jobcenters ließen bereits durchblicken, dass Briefe und Unterlagen schon mal ungeöffnet in den Papierkörben landen. Gerade in den Leistungsabteilungen würden die Mitarbeiter/innen oft regelrecht verheizt. Diese permanente Überbelastung führt zu einer unerhältnismäßig hohen Erkrankungsrate und zu einer überdurchschnittlich hohen Fluktuation unter den in Jobcentern Beschäftigten.

Die Zahl der befristet Angestellten wurde auf knapp 10 % der Personen halbiert.

Die Arbeitszeit der in Jobcentern tätigen Personen wird durch seine Plan- und Zielvorgaben zu einem nicht unerheblichen Teil praktisch verschluckt. Die Personaldecke ist oft sehr dünn. In Jobcentern tätige Personen sind unter diesem immens starken Arbeitsdruck nicht selten derart überfordert, dass sie Hartz IV-Empfängern oftmals wahllos Arbeitsgelegenheuten zuweisen - *ob diese Maßnahmen für die jeweiligen »Kunden« nun geeignet sind oder nicht!*

Für ein Beratungsgespräch bleibt den Jobcenter-Mitarbeiterinnen/Mitarbeitern eine knappe Viertelstunde Zeit. Somit wird die Bildung eines Vertrauensverhältnisses zwischen der Arbeitsvermittlerin/dem Arbeitsvermittler und den Hartz IV-Empfängern gar nicht erst ermöglicht. Freie Stellen werden nicht selten erst nach einer längeren Zeit wieder mit neuem Personal besetzt. Die einzelnen Sachbearbeiter/innen sind gezwungen, immer mehr Arbeiten der nun fehlenden Kolleginnen/Kollegen mit zu übernehmen. Schnell schleichen sich entsprechende Fehler ein. Angeblich sollen sogar bereits Verstorbene als *»erfolgreich vermittelt«* in der Kartei geführt worden sein...

Dramatisch hoch ist der Krankenstand bei den Mitarbeiterinnen/Mitarbeitern der Jobcenter. Knappe 3-4 Wochen im Jahr fallen Personen wegen Krankheit aus. Hauptursachen des Krankenstandes sind Depressionen, Stress, Schlaflosigkeit, posttraumatische Belastungsstörungen, Angstzustände und Burnout.

Werden neue Kolleginnen/Kollegen eingearbeitet, bleibt die eigene Arbeit jedes Mal auf der Strecke. Darunter wiederum leiden letztendlich die Hilfeuchenden, also die »*Kunden*«!

Der Zeitdruck ist enorm hoch, die Tätigkeiten komplex. Oftmals können Hartz IV-Empfänger nicht mehr ausführlich beraten werden, da die entsprechende Zeit schlicht fehlt. Den »*Kunden*« gegenüber müssen persönliche Regungen *(wie Empathie und Vertändnis)* möglichst verborgen werden. Die gesetzlichen Bestimmungen verlangen ein »*Pokergesicht*«!

Rund ein Viertel der befragten Jobcenter-Mitarbeiter/innen wurden bereits Opfer von Handgreiflichkeiten. Verbale Attacken werden täglich, Bedrohungen mit einer Waffe monatlich gemeldet. Randaliert wird wöchentlich. Aggressives Auftreten von Seiten einiger verzweifelter »*Kunden*« ist fast schon an der Tagesordnung.

Mitarbeiterinnen/Mitarbeiter in der Leistungsabteilung sind deutlich öfter Randale ausgesetzt als z. B. ihre Mitstreiterinnen/Mitstreiter, die in der Vermittlung tätig sind.

Die Mehrheit der Jobcenter-Mitarbeiterinnen/Mitarbeiter fühlen sich gelegentlich bis oft unsicher oder sogar potentiell bedroht *(ca.70 %)*. Nur ein knappes Drittel der Befragten fühlten sich noch nie unsicher oder bedroht...

Und: Aus Gründen des Datenschutzes dürfen sich die Sachbearbeiter/innen nicht ein Mal gegenseitig vor aggressiven »*Kunden*« warnen. *Einziger schriftlicher Vermerk in der jeweiligen Akte:* »Bitte beachten Sie bei diesem »*Kunden*« die Bestimmungen zum Mitarbeiterschutz.«

Der einzige »Schutz« für das Personal: Eine »*Not-Taste*« an der Tastatur des PCs und zwei Fluchttüren zu den beiden Nachbarbüros, um sich nötigenfalls bei der Kollegin/dem Kollegen in Sicherheit bringen zu können...

Ja - auch über diese andere Seite sollte der Mensch sich ein Mal ernsthaft Gedanken machen! Die Tätigkeit bei einem Jobcenter ist eine alltägliche, nervenaufreibende Gratwanderung!

Auch Arbeitsvermittler/innen sind schließlich nur Menschen!

Andererseits: Niemand ist gezwungen, ausgerechnet eine Tätigkeit bei einem Jobcenter anzustreben. Ist man »*zu zart besaitet*«, geht man mit Sicherheit schnell zu Grunde. Legt man sich allerdings ein zu übermäßig »*dickes Fell*« zu, sollte man sich ernsthaft überlegen, ob man - *aus rein menschlichem Blickwinkel betrachtet* - überhaupt noch länger in den »*sozialen*« Bereich gehört...

Jobcoach mit zündender Idee

Im Jahre 2015 schickte mich also Frau C., die im letzen Kapitel benannte Arbeitsvermittlerin, für sechs Monate in ein spezielles Bewerbungszentrum. Dort gab es EDV-Räume mit Internet-Zugang, wo man die Möglichkeit geboten bekam, sich entsprechende Arbeitsangebote heraus suchen, Bewerbungsunterlagen kostenlos erstellen und Diese auch versenden lassen konnte. Mappen, Umschläge und Porto wurden von Seiten des Bewerbungszentrums gestellt. Das Monatsticket wurde ebenfalls übernommen. Selbst Bewerbungsfotos wurden dort gemacht und in den Lebenslauf eingescannt. Zwei Mal pro Woche sollte ich teilnehmen. Ja, dachte ich, das ist gar keine so schlechte Idee…

Gleich am ersten Tag kam ich mit Frau R. ins Gespräch, die in diesem Bewerbungszentrum als Jobcoach tätig war. Irgendwie kamen wir auf die Schreiberei. Ich erzählte Frau R. von meinen ersten beiden Büchern, von der Biographie und auch dem zweiten Werk, das kurz vor der Vollendung stand. Frau R. strahlte mich an und verriet mir, dass sie sich privat ebenfalls intensiv der Schreiberei widmete. *Sie selbst hatte einen historischen Roman in Arbeit!*

Frau R. gestattete mir, ein Exposé meines ersten Buches zu erstellen, was ich auch umgehend tat. Sie fragte mich, ob sie diese Zusammenfassung ein Mal lesen dürfe. Okay, sagte ich, das ginge klar. Nachdem sie es durchgelesen hatte, fragte sie plötzlich: »Sagen Sie… wollen Sie sich denn nicht schon man nach einem entsprechenden Verlag umschauen? Das können Sie doch hier machen!«

Begeistert machte ich mich ans Werk und hängte mich im EDV-Raum an den PC…

Daheim arbeitete ich auch weiterhin an meinem zweiten Buch. Nach Beendigung brannte ich die fertige Biographie auf CD-ROM. *Frau R. sollte meine Testleserin sein!*

Kurze Zeit später kam sie auf mich zu und meinte begeistert: »Donnerhacke… *das Buch ist ja echt der Knaller!* Wirklich absolut druckreif! Glauben Sie mir, Frau H. - *Sie schaffen das!*«

»Ach…«, meinte ich, »daran zweifle ich schwer. Publizierbar mag es ja durchaus sein. Was allerdings fehlt, sind die entsprechenden Kosten für den Druck. Ich glaube daher kaum, dass sich das Projekt ernsthaft durchsetzen lässt. Die Kosten für Korrektorat, Papier, Druckerei und Buchbinderei müssten ja von Seiten des Autoren entsprechend vorfinanziert werden. Zu Mindest für die Erstauflage. Das heißt, ich müsste mich im Grunde erst ein Mal nach geeigneten Sponsoren umschauen…«

»Warum«, meinte Frau R. plötzlich strahlend, »geben Sie das Buch denn nicht als eBook heraus? Schon ein Mal daran gedacht? Das verringert die finanziellen Belastungen enorm! Bei einem elektronischen Buch fallen die Materialkosten, der Druck und die Bindung nämlich gar nicht erst an!«

Ich starrte sie mit großen Augen erstaunt an!

»*Klar doch!*«, nickte Frau R., »Papier, Leim, Buchdeckel und Druckkosten fallen bei einem eBook ja schließlich weg! Sie sind wirklich eine super Autorin! *Glauben Sie mir - das klappt!*«

Als eBook? *Heureka - das war's! Darauf war ich noch gar nicht gekommen!*

Eine echt zündende Idee! Und das von einem Jobcoach!

Erneut hängte ich mich an den PC…

Als ich in der darauf folgenden Woche das Bewerbungszentrum betrat, hatten sich meine schriftstellerischen Begabungen und mein Plan bereits unter den Mitarbeiterinnen/Mitarbeitern herumgesprochen!

Zwei andere fest angestellte Damen machten gleich Vorschläge, bei welchen Verlagen ich mich eventuell erkundigen könne. Frau U., eine der Beiden, überreichte mir eine kleine Liste mit entsprechenden Adressen. Wieder hing ich am PC und machte mich an die Arbeit. Auch nach anderen Verlagsadressen hielt ich Ausschau.

Nach und nach telefonierte ich dann auch schon die ersten Verlage ab. Ein großer, bekannter Verlag war zwar interessiert, verlangte jedoch das gesamte Manuskript in ausgedruckter Form. Wo und wie bitte sollte ich ohne eigenen Printer mehrere hundert Seiten ausdrucken? Wie sollte ich bei meinen derart »*berauschenden*« Finanzen das hierzu nötige Versandporto aufbringen? So »*liquide*« war ich nun auch wieder nicht!

Das konnte also schon mal geknickt werden...

Ein weiterer Verlag verlangte zwanzig bis dreißig ausgedruckte Seiten und wollte - *alleine für das Durchlesen dieser Kostprobe!* - schon knapp über 80.- Euro »*Aufwandsentschädigung*« haben! *80.- Euro nur für's Durchlesen!* Mensch, Kinners! Der reinste Wucher! Selbstverständlich ohne jegliche Gewähr, dass das Manuskript auch tatsächlich publiziert würde! *Und mal angenommen, wenn nicht? Außer Spesen Nichts gewesen, oder wie?* War ich etwa Rockefeller?

Nee, danke...

Grundsätzlich gilt: Das Durchlesen von Probekapiteln ist prinzipiell immer kostenfrei! Wird also von einem Verlag alleine hierfür schon eine gewisse »*Aufwandsentschädigung*« verlangt, sollte man mucker werden. Dann stimmt aber Etwas ganz gewaltig nicht...

Ein dritter Verlag, den ich anschrieb, antwortete mir auf meine intensiven Nachfragen schon ein Mal gar nicht erst. Im Oktober 2014 gab ich den Brief auf - *jetzt haben wir 2018!*

Nein, ans Aufgeben dachte ich nicht. In konventioneller, beruflicher Hinsicht hatte ich ohnehin verkackt, gehörte mit meinen Anfang Fünfzig praktisch schon zu den so genannten »*Oldtimern*«. Und dann noch als Ungelernte ohne jegliche Qualifikation - *mit einem chronisch lungenkranken, fast erblindeten Gatten in den Siebzigern an meiner Seite?*

Sollte ich deswegen aber nun resigniert die Hände im Schoß falten und auf den großen Donnerschlag warten? Wenn überhaupt, dann lagen meine wirklich reellen Chancen in meinen Büchern. Genau dort musste ich also ansetzen. *Aufgeben? Nee!* Ich hatte es angefangen und würde es nun auch durchziehen. *Hinein in die Taue, hoch mit den Segeln und volle Fahrt!* Jetzt würde ich mich erst recht in die Wanten legen!

Es war an der Zeit, die alten, konventionellen Wege zu verlassen und völlig neue, unkonventionelle Pfade zu beschreiten. Manchmal führen nämlich ausgerechnet krumme Wege zum Ziel. Ich befand mich ja auch gerade erst am Anfang meiner Suche. Es gab Tausende von Verlagen. Irgendwann, durch einen Zufall, würde ich an den richtigen Verlag geraten!

Irgend Etwas würde sich im Laufe der Zeit ergeben. Kommt Zeit, kommt Rat…

Der entscheidende Durchbruch

Eines Tages saß ich wieder im EDV-Raum und sah mich wie üblich entsprechend im Internet-Portal um. Dabei stolperte ich plötzlich über den Re Di Roma Verlag. Das sagte mir jetzt überhaupt Nichts. *Trotzdem, die Neugier war geweckt!*

Ich wollte es genauer wissen und klickte die Seiten an. Dort stand zu meiner Überraschung jedes denkbare Thema sehr ausführlich und auch für einen Laien verständlich aufgeführt. Von der ersten Idee, ein Buch zu schreiben bis hin zum fertigen Manuskript war jede Einzelheit genauestens beschrieben. Von Schreibblockaden über individuelles Buchcover bis zum perfekten Einrichten einer Seite so wie der optimalen Schriftgröße: Es blieb Nichts unbeantwortet!

Zwei sehr kostengünstige Basispakete wurden angeboten. Eines für eine Printversion und ein Zweites für eBooks. *Und genau das war es!*

Schließlich sollte mein erstes Werk als eBook erscheinen. Dieses Basispaket könnte ich mir leisten. Gut, also würde ich am Ball bleiben. Die Adresse und die Rufnummer wurden notiert. Daheim gab es noch eine Unterredung mit Heinrich, bei der ich ihm die Sache erläuterte. Gut, meinte er, ich könne ja mal bei diesem Re Di Roma Verlag anrufen. Das höre sich doch schon mal gar nicht so übel an!

Doch zuvor hatte ich natürlich noch etliche offene Fragen, die notiert werden mussten. Schließlich war es so weit. Mit der entsprechenden Fragenliste setzte ich mich hin, griff zum Telefon und wählte die Rufnummer. Ein Herr Daniel Bieter meldete sich. Der Verleger persönlich. Nach der namentlichen Vorstellung stellte ich ihm die entsprechenden Fragen, Eine nach der Anderen. Wieder blieben keinerlei Unklarheiten zurück. Ich machte mir zu jeder Frage entsprechende Notizen, erklärte auch in Kurzversion, worum es in meinem ersten Buch ging. Ja, Herr Bieter war an dem Thema auch gleich sehr interessiert. Gut, sagte ich, dann würde ich mich jetzt nur mit meinem Mann besprechen. Wenn es so weit wäre, würde ich eine gebrannte CD-Rom an den Verlag schicken. So verblieben wir…

Kurz darauf, Mitte Oktober 2015, schickte ich mein erstes eBook - *inclusive meines selbst entworfenen Coverbildes* - auf die Reise! Die Segel waren gehisst!

Das wird sicher mehrere Wochen bis Monate dauern, ging mir durch den Kopf. So schnell bis zum endgültigen Bescheid geht das mit Sicherheit nicht…

Doch da sollte ich mich gewaltig täuschen! Knapp zehn Tage später befand sich Post im Briefkasten. Aha, vom Re Di Roma Verlag. Na, dachte ich, das wird sicher eine Absage sein. Gleich im Treppenhaus öffnete ich den Umschlag, zog das Schreiben heraus und war tief im Inneren bereits auf einen negativen Bescheid gefasst. Doch was stand da geschrieben, schwarz auf weiß?

Mein eBook war tatsächlich angenommen worden und sollte bei Amazon online gehen!

Im ersten Moment war ich so down, dass mir regelrecht die Beine zitterten. Auf Schlag wurde mein Hals trocken. Die Worte kreiselten mir wild im Kopf herum. *Angenommen... Amazon... online!*

Ich lehnte mich erst ein Mal spontan an die Wand, holte mehrmals tief Luft und las die Mitteilung erneut. *Einfach unglaublich!* Das konnte doch jetzt echt nicht sein! Wie mega-knorke war das denn?

Donnerhacke! Ich hatte es tatsächlich geschafft - *mein erstes eBook war veröffentlicht!*

Um ein Haar wäre mir mitten im Treppenhaus ein schriller Jubelruf entfahren! Ich schlug mir gerade noch rechtzeitig die Hand vor den Mund und stürmte gacksend und prustend die Stufen hoch, um Heinrich zu informieren!

»Tja, Wenckemaus…«, meinte er strahlend und drückte mich herzhaft an sich, »das hab´ ich dir doch gleich gesagt! Herzlichen Glückwunsch, mein Liebling!«

Doch zu Nächst musste ich mir natürlich die endgültige Gewissheit verschaffen. Das Ganze kam mir irgendwie immer noch so unwirklich vor. Wenige Tage später saß ich also im Internet-Café - *und fand tatsächlich mein eigenes eBook bei Amazon zum Verkauf!*

Das Bewerbungszentrum war in der Tat das wahrhaftig Beste, was mir je passieren konnte! Ich werde Frau R. für ihre Ideen und ihren Einsatz immer dankbar sein! Das vergesse ich ihr niemals...

Irrsinn hoch Neun!

Vor einiger Zeit wurde im Fernsehen eine Reportage ausgestrahlt, in der es um so genannte Maßnahmen zur Qualifizierung Langzeitarbeitsloser ging. Die ganze Aktion wurde mit versteckter Kamera begleitet!

Was dabei heraus kam, ist wirklich schier unglaublich. In einem Unterrichtsraum wurde gezeigt, wie ca. 14-16 Teilnehmer/innen wie die Zirkusbären um einen Kreis von Stühlen herum flippten. *Immer hübsch im Uhrzeigersinn!* Die/der jeweilige Frontfrau/Vordermann musste dem Stuhl, an dem sie/er vorbei kam, an der Lehne einen kleinen Schubs geben und dann weiter laufen. Der Stuhl kippte zurück. Die/der folgende Teilnehmer/in musste diesen nach Hinten kippenden Stuhl schnellstens an der Lehne packen, den Sturz aufhalten, daran vorbei laufen und ihn dann für die/den Nachfolger/in erneut schubsen. *Natürlich ausschließlich mit der rechten Hand!* Zwei Schritte später musste sie/er aber gleichzeitig den nächsten Stuhl aufhalten und auch flugs wieder für die/den Nachläufer/in zurück schubsen. Dabei sollte der Laufrhythmus möglichst gleichmäßig eingehalten werden. *Hei Dideldei Dideldum!* Im Hintergrund wurden vom zuständigen, stoppuhrhaltenden Dozenten zur krönenden Untermalung noch lustige Wanderlieder abgedudelt!

Was bitte bereitet einen Menschen durch eine solch bühnenreife Manegennummer ernsthaft auf den ersten Arbeitsmarkt vor? Worin besteht der eigentliche Sinn und Zweck des Ganzen?

Das Einzige, was dabei heraus kommt, ist, dass die/der Teilnehmer/in sich im ungünstigsten Falle im »*Domino-Effekt*« reihenweise an etwas heftiger zurückkippenden Stühlen die Schienbeine aufschlagen oder von Achtern böse gegen die/den jeweilige/n Frontfrau/Vordermann knallen und Diese/n auch noch gefährden!

Auch die allseits bekannte »*Reise nach Jerusalem*« wurde hingebungsvoll gespielt. Der beliebte Standard-Klassiker »*Hangman*« durfte ebenfalls nicht fehlen. *Irrsinn hoch Neun!*

In einem weiteren Klassenraum sollten Teilnehmer/innen an einer Flipchart stichwortartig »*die Vorteile der Langzeitarbeitslosigkeit*« aufschreiben. *Hä? Vorteile?* Es sind wohl praktisch keinerlei »*Vorteile*« in gerade eben dieser Konstellation zu sehen. Höchstens eine ganze Reihe ellenlanger Nachteile wie alltägliche Existenzangst, andauernder Behördenstress, deutlich finanzielle Einschränkungen, soziale Benachteiligung, gesellschaftliche Ächtung und Ausgrenzung, als permanenter »*Bittsteller*« abgekanzelt zu sein und in dem bedrückenden Gefühl zu leben, 365 Tage im Jahr wie ein Hamster im Rad auf der Stelle zu treten. Langzeitarbeitslose werden oftmals - *sogar noch mit tatkräftiger Unterstützung von Seiten der zuständigen »sozialen«* Einrichtungen*!* - als Tipp-Kick-Figuren ausgenutzt, weil sie ja schließlich für das jeweils kommende Jahr neue Fördergelder einbringen…

Im nächsten Filmausschnitt stieg eine Gruppe Maßnahmeteilnehmer/innen in einen Bus und wurde zu einem Ausflug ins Ländliche verfrachtet. *Die Teilnahme an dieser Fahrt war sogar Pflicht!* Dort, in einer Einöde, befand sich ein kleines Gehöft mit Lamas. Kaum angekommen, bekamen die Teilnehmer/innen nach der allgemeinen Begrüßung von Seiten des Lamazüchters eine Kurzanweisung im Umgang mit dieser Spezies und dann ging es los. Jeweils eine Person musste ein Lama am Halfter führen und wurde von einer/einem zweiten Mitstreiter/in begleitet. Eine ganze Karawane Langzeitarbeitsloser machte sich einträchtig - *inclusive der südamerikanischen, berüchtigterweise zum kräftigen Beißen, Treten und Spucken neigenden Hochlandtiere* - auf zu einer Wanderung durchs naturnahe, idyllische Gelände!

Der begleitende Dozent hielt übrigens zur Gruppe einen gebührenden Sicherheitsabstand!

Nach Bewältigung der Halbetappe und einigen Spuck-Attacken von Seiten einiger doch recht eigensinniger Lamas wechselten sich die Teilnehmer/innen dann ab. Die/der Begleiter/in wurde zur/zum Führer/in, die/der Führer/in zur/zum Begleiter/in. *Selbst die Ängstlichsten mussten mitmachen!* Zwischendurch wurden von den Mutigeren haarige, wollige, wuschelige Krolleköpfchen gekrault und intensiv und lustig herum geschmust. Wieder am Gehöft angekommen, wurden die Tiere beim Lamazüchter abgegeben und sich höflich dankend verabschiedet. Man war um einige Erfahrungen reicher. Die nun teilweise doch recht säuerlich duftende Gruppe stieg wieder in den Bus und gondelte erleichtert und lachend heimwärts!

Morgen gab´s dann ja auch schon wieder »*Hangman*«…

Gut, die »*Schafkamele*« hatten an diesem Tag Bewegung, der Lamazüchter Zeit zum ungestörten Ausmisten und die Maßnahmeteilnehmer/innen ihren Spaß. Das Ganze mag ja auch wirklich süß und erholsam klingen, allerdings ist zweifelhaft, ob die neu erworbenen, sehr bescheidenen Know-hows als »*Hilfs-Gaucho*« später je ein Mal einen einzigen, potentiellen Standard-Arbeitgeber interessieren.

Themenbezogen ist so ein Trip wohl eher nicht - es sei denn *(in Form eines regelrechten, berufsbegleitenden Intensivpraktikums vor Ort mit allem Drum und Dran!)* als Vorbereitung für besonnene, junge Volontärinnen/Volontäre mit entsprechender Schulbildung und nötigem »*Tierverstand*«, die wirklich ernsthaft daran interessiert sind, die berufliche Laufbahn einer/eines Zootierpflegerin/Zootierpflegers einzuschlagen!

Wenn dieser Ausflug als reiner Entspannungstag gedacht war *(was prinzipiell auch sicher gut gemeint wäre)*, dann ist aber so manch eine Qualifizierungsmaßnahme fast von Vorne bis Hinten eine reine Entspannung!

Spielen, Rätseln, Basteln - und das eigentlich Grundlegende bleibt weit auf der Strecke!

Für Otto-Normal-Verbraucher aber gilt: Qualifizierungen für den ersten Arbeitsmarkt sehen wohl in der Regel völlig anders aus…

Eine unumstößliche Tatsache ist doch nun: Im Kreis laufen, Stühle schubsen, knobeln, »*Hangman*«, Karten- und Quiz spielen, Stille Post, Gurkenmasken oder handgeschüttelte Butter herstellen, Rätseln, Lama-Wanderungen, die weit mehr als zweifelhaften »*Vorteile*« von Langzeitarbeitslosigkeit aufzählen - *all das bringt einen normalsterblichen Menschen beruflich in keiner Weise weiter!*

Warum also werden aber gerade solche Maßnahmen immer wieder von den Jobcentern angeboten?

Ganz einfach. Es sind Gelder im Spiel. Jährlich vom Bund finanzierte Fördergelder in nicht ganz unerheblicher Höhe. Ob für die abertausenden Teilnehmer/innen in beruflicher Hinsicht Etwas dabei heraus kommt, ob es ihnen letztendlich auf ihrem beruflichen Weg weiter hilft oder nicht, ist im Grunde eher nebensächlich. Die Maßnahmen müssen möglichst voll besetzt sein. Auf die Quantität kommt es an, nicht so sehr auf die Qualität. Je voller die Maßnahmen sind, desto mehr Fördergelder erhalten die Jobcenter. Darauf zielt es ab. Ich sagte es vorhin bereits.

Wie heißt der allseits bekannte Slogan: The Show must go on…

Die »*Fifties*« kommen!

Im Spätherbst 2015 nahm ich dann an einer 50-plus-Maßnahme teil, die darauf abzielte, Menschen der Fünfziger-Generation möglichenfalls in Arbeit zu vermitteln. Es war ein flächendeckend in ganz Deutschland auslaufendes Projekt und ich war als eine der Letzten mit in diesem Programm. Drei Monate sollte es gehen. *Es gab zwei Optionen:* Vollzeit und Teilzeit. Die Teilnehmerinnen und Teilnehmer konnten es sich aussuchen. Vollzeit bedeutete von 8.00 Uhr morgens bis 15.00 Uhr nachmittags, Teilzeit ging von 9.45 Uhr bis 12.45 Uhr. Auf Grund des Alters, der chronischen Erkrankungen und der starken Sehbehinderung meines Mannes entschied ich mich für Teilzeit. Die Monatsfahrkarten für die öffentlichen Verkehrsmittel sollten gestellt werden.

In diesem Paket beinhaltet war unter Anderem ein so genanntes »*Gesundheitsprogramm*«, bei dem unter Anderem Nordic Walking, Schwimmen, Rückenschule und Unterricht in gesunder Ernährung angeboten wurde. Die physische Teilnahme war freiwillig. Herr T., der Leiter dieses »*50-plus-Projektes*« und ein Mensch, der deutlich mehr redete als zuhörte, erzählte uns bereits während des Einführungsgespräches in den höchsten Tönen vom allgemein großen Erfolg der Maßnahme - *und angeblich lief es ja praktisch nur noch über die Zeitarbeit!* Ohne Zeitarbeit: *null Chance!*

Und der Slogan: Gut ausgebildete Fachkräfte in den Fünfzigern würden auf dem Arbeitsmarkt händeringend gesucht und auf Grund ihrer langjährigen beruflichen Erfahrung den »*Twens*« sogar deutlich vorgezogen!

Das ist bis dahin sogar richtig und auch logisch. Ältere Fachkräfte werden immer gesucht. Ja, Fachkräfte. Sie haben in beruflicher Hinsicht den »*Youngsters*« in der Tat Einiges voraus!

Doch was ist mit den »*Fifties*« ohne jegliche berufliche Qualifikation - *den so genannten »marktfernen« Menschen?* Tja, bei denen ist der Lack dann restlos ab. Diese Personengruppe fällt letztendlich wieder ein Mal durchs Raster…

Einige der ersten Dinge, die mir sofort auffielen: Das gesamte Projekt war von Vorne herein weit mehr als schlecht organisiert. Unten gab es einen PC-Raum und eine Treppe höher war ein Raum für den »*theoretischen*« Unterricht. *Will heißen:* wo den Teilnehmerinnen und Teilnehmern wieder in altbekannter Weise der gewohnte Honig um den Bart geschmiert wurde! *Die zuvor angekündigten Unterrichtsmodule Nordic Walking, Rückenschule, Schwimmen und gesunde* Person, die »*unterrichtete*«. Das Telefon befand sich unten im PC-Raum. *Das hieß wiederum:* Fiel beispielsweise einer der Teilnehmer plötzlich aus und wollte anrufen, um eben Bescheid zu geben, erreichte er zeitweise bis zur ersten Pause überhaupt Niemanden!

Mir ist es ebenfalls mehrmals so ergangen. Heinrich, mein Mann, hat zeitweise massive Atemprobleme. Jeder größere Wetterumschwung wirft ihn aus der Bahn. Gerade in den Herbstmonaten schlagen Luftfeuchtigkeit und Temperatur häufig um. Zu weiter entfernt liegenden Arztterminen braucht Heinrich auf Grund seines schwindenden Sehvermögens eine Begleitung, wenigstens bis zum Haus. *Gefäßchirurg, Augenarzt, Lungenfunktionstest, Diabeteskontrolle, die Behandlung seiner offenen, vereiterten Beine* - Alles muss gemanagt werden. Nach seiner alljährlichen Grippeimpfung hat er mehrere Tage mit heftigen Symptomen wie Schüttelfrost, Schweißausbrüche, Fieber, Durchfall, Erbrechen und Benommenheit zu kämpfen. Ein Mal jährlich, zwischen Ende September und Mitte Oktober, finden die Grippeimpfungen statt. Der Organismus reagiert, selbst auf abgetötete Viren. Zwei bis drei Tage später folgen dann unweigerlich die Symptome. Dazu kommt, dass Heinrich massiv sturzgefährdet ist. Unterstützung habe ich praktisch nicht, muss in solchen Extremsituationen also selbst zuschauen, wie ich zu Rande komme. Eine Pflegestufe gesteht die Kasse meinem Mann nicht zu, weil der graue Star nicht zu den Erkrankungen zählt, die grundsätzlich inoperabel sind. Heinrich ist - *laut eines mehr als fragwürdigen, übereilten »Gutachters« von Seiten des MDK, der gerade mal eine knappe Viertelstunde zur Begutachtung in der Wohnung anwesend war und davon mindestens noch zehn Minuten lustig und munter auf seinem Notebook herum hackte* - knapp unterhalb der Pflegestufe I kategorisiert worden!

Das bedeutet laut Gutachten: Eine gewisse Pflege benötige Heinrich schon dringend und diese Pflegemaßnahmen sollen auch weiterhin beibehalten werden - *jedoch reiche es angeblich halt nicht ganz zur Pflegestufe I!* Es geht wohl lediglich ums nackte Prinzip. *Die Krankenkasse will sich das Pflegegeld sparen!* Dass Heinrich aber - *selbst von medizinischer Seite* - als massiver Risikopatient gilt und somit alleine auf Grund seiner COPD nicht operiert werden kann, spielt anscheinend nicht die geringste Rolle. Immerhin ist die brave Ehefrau ja daheim, die sich - *möglichst unentgeltlich!* - mit diesen ganzen Krempel um Haushalt, Einkauf, Kochen, Botenfahrten, Wäsche und Pflege des Gatten herumschlagen kann. Wie, bleibt ihr überlassen…

Manche Arzttermine für Heinrich können gegebenenfalls mit ein wenig Glück auf den Nachmittag gelegt werden, allerdings klappt das noch längst nicht immer. Erst recht nicht wenige Wochen vor Weihnachten und Jahreswechsel. Dann wird es erst so richtig eng. Gewöhnlich sind dann die Praxen mit alljährlich akuten, winterlichen Erkältungskrankheiten gerammelt überfüllt und die günstigsten Termine vergeben. Meistens kommen dann von Seiten der entsprechenden Arztpraxen Anrufe zum jeweiligen Termin. Diese Termine liegen oftmals in den Morgen- oder Vormittagsstunden. An diesen Tagen fiel ich dann selbst im Projekt aus. Wollte ich also morgens um kurz vor Acht anrufen, um entsprechend Bescheid zu geben, passierte es nicht selten, dass ich Herrn T. erst um 9.20 Uhr endlich an der Strippe hatte - *weil eine entsprechende Telefonbesetzung fehlte…*

Die zweite Sache war das Monatsticket. Uns Neuteilnehmerinnen/teilnehmern wurde erklärt, dass wir zu Nächst ein Mal von Seiten des Jobcenters eine Kopie zur Befreiung der GEZ-Gebühren benötigten, um das Ticket zu erhalten. Sofort nach dem Einführungsgespräch machte ich mich also auf den Weg zum Jobcenter - *nur, um dort zu erfahren, dass man mir diese Kopie nicht so einfach aushändigen dürfe!* Ich hatte sogar ordnungsgemäß meinen Personalausweis vorgelegt. Mehrere verschiedene, offensichtlich extremst unwillige Sachbearbeiterinnen schickten mich quasi von backbord nach steuerbord, von Bug nach Heck. Niemand wollte zuständig sein. Offensichtlich bekam man diese »*hochmotivierten*« Leute ohne Gangspill überhaupt nicht bewegt. Zwischen drei Etagen und etlichen Büros schlug und ochste ich mich durch und erklärte die entsprechende Sachlage. Jedes Mal bekam ich den gleichen Sermon zu hören. Ich müsse mich dazu an dieses und jenes Büro auf dieser und jener Etage wenden. Dort aber klangen die Dinge dann plötzlich wieder völlig anders. Nein, eine Aushändigung der entsprechenden Kopie sei so ad hoc nicht möglich. Niemand rührte ernsthaft auch nur einen kleinen Finger. Allmählich kam die eiskalte, ohnmächtige Wut hoch. Das konnte jetzt echt nicht wahr sein! *Ich glaube, es hackt!* Hin und her und her und hin, treppauf, treppab. Wieder return. Auf glühenden Kohlen. Ohne Kopie kein Ticket - *ohne Ticket keine Teilnahme!* Erneutes, endloses Jobcenter-Trallalla. *Noch eine Hafenrundfahrt!* Tief durchatmen, Faust in die Tasche und bis Zehn zählen. *Nicht ausflippen, Wenckelein - immer schön die Ruhe bewahren!* Eine gescheite Antwort erhielt ich trotz Allem nicht...

Ich kam mir vor wie in »*Asterix erobert Rom*« bei der Beantragung des Formulars zum Erwerb des Passierscheins A 38! *Das Haus, das »Verrückte« macht!*

Mittlerweile ging mir nach fast einer Stunde vergeblicher Rennerei so langsam die Puste aus!

Durstig, verschwitzt, abgehetzt und abgekämpft zurück im Projektgebäude, meinte Herr T., ich solle noch ein Mal zum Jobcenter gehen. Das, was mir dort gesagt worden sei, entspräche so absolut nicht den Tatsachen. Man müsse mir eine Kopie über die GEZ-Befreiung aushändigen. Ich wiederum entgegnete mit fester Stimme, nee, noch ein Mal würde ich mit Sicherheit nicht sinnlos durch die Etagen und von Büro zu Büro hetzen, um mir Lügenmärchen anzuhören! Andere Antworten als die Bisherigen erhielte ich ohnehin nicht. Ich hätte nebenbei einen deutlich älteren, chronisch erkrankten und fast erblindeten Ehemann Daheim und könne mir meine ohnehin sehr knappe Zeit nicht auch noch von wer weiß woher stehlen. Einkauf, Haushalt, Kochen und Wäsche stünden schließlich auch noch mit schöner Regelmäßigkeit an! *Nee - mit Sicherheit latsche ich jetzt nicht noch ein Mal los!*

Herr T., der die entsprechenden Nummern des Jobcenters ebenfalls hatte, bemerkte meine Entschlossenheit und rief nun selbst dort an. Alles klar, meinte er im Anschluss an das kurze Telefonat, die benötigte Kopie würde dem Projekt umgehend zugefaxt!

Ach nee - *echt abgefahren!* Als »*Kunde*« beim Jobcenter erreichst du nicht das Geringste, aber kaum rief der Projektleiter höchstpersönlich dort an, klappte plötzlich Alles reibungslos wie am Schnürchen!

Hurra! Ohne eine Ombudsperson, die sich beim Jobcenter für die Belange die/der Leistungsbezieher/in einsetzt, läuft erst recht Nichts! Setzt diese Ombudsperson sich allerdings ein, ja, dann sieht die Sache schon ganz anders aus!

Und überhaupt: Wenn es doch per Telefon ging - *warum ließ man die Leute denn erst noch groß herum irren?*

Mussten sich die Ombudspersonen auch noch groß abstrampeln, um ein Mal kurz zum Hörer zu greifen, eine popelige Nummer zu wählen und ein kurzes Telefonat zu führen? *Ist das ein solch großer, unüberwindlicher Kraftakt?*

Alles klar, de Beukelaar…

Eine weitere Tatsache, die mich sehr nachdenklich stimmte: Der obere Teil des Treppenhauses im Projektgebäude war eine reine Fotogalerie. Unzählige vergrößerte Passbilder von Frauen und Männern in den Fünfzigern zierten die Wand. Auf jedes Foto zeigte ein Pfeil, auf dem in dicken, fetten Lettern stand: *IN ARBEIT!*

Es wirkte wie ein purer Menschenzoo!

Man benutzte ehemalige Teilnehmerinnen und Teilnehmer, um Werbung in eigener Sache zu machen und für den sagenhaften »*Erfolg*« des Konzeptes zu propagieren! Reine Selbstbeweihräucherung also! Aus wie vielen Jahren diese Fotos stammten und zusammen kamen, war selbstverständlich nicht angegeben! Oben im Unterrichtsraum fand dann die entsprechende »*Ermunterung*« statt…

Marejke, eine meiner Mitstreiterinnen, wollte sich eines schönen Tages bei einem möglichen Arbeitgeber vorstellen. Herr T. sprach zuvor telefonisch mit dem Boss und pries die Dame jovial und exorbitant in den höchsten Tönen dick und fett über den grünen Klee! Dann wollte Marejke sich auf den Weg zu ihrem Vorstellungstermin machen. Herr T. riet ihr ernsthaft, sie solle dem potentiellen Arbeitgeber sagen, er würde einen ganz, ganz großen Fehler begehen, wenn er sie nicht einstelle!

Nee! Unter welcher Flagge schipperte der?

Eigenlob stinkt bekanntlich wie Pest und Räude. Davon ging ich bislang immer aus. Das aber grenzte bereits an Selbstvergötterung. Was sollte ein solch unmöglicher Slogan? So Etwas überzeugt einen durchschnittlichen Boss doch wohl in keiner Weise. Das ist schlicht unrealistisch. Man muss schon mit beiden Füßen auf dem Teppich bleiben. Aber das war ja wirklich abgehoben! *Wie kann man einem Menschen einen solchen Tipp geben?*

Wäre ich persönlich Arbeitgeberin und es käme eine Person daher, die mir gegenüber bereits im ersten Vorstellungsgespräch solch eine Schote vom Stapel ließ, würde ich sie erst recht nicht einstellen - *es sei denn, ich wäre Chefin einer Werbetext-Agentur!*

Selbstverständlich scheiterte Marejke dann auch in vollem Umfange…

Und so ganz nebenbei: Wenn dieses ach so großartige Projekt angeblich so sagenhaft »*erfolgreich*« war - *warum bitte lief es dann gleichzeitig zum Jahresende hin flächendeckend aus?*

Das bedeutete bei genauerer Betrachtung, dass Herr T., der Projektleiter, Etwas predigte, von dem er letzten Endes ja selbst in keiner Weise ernsthaft überzeugt gewesen sein konnte! Statistisch gesehen sollten die »*Oldtimer*« also hauptsächlich bloß wieder ein Mal eine Zeit lang weg von der Szene. *Eine reine Beschäftigungstherapie!*

Was auch weit mehr als verwundert: Ein nicht geringer Teil an Stellen, die im Internet ausgeschrieben sind, werden nur durch entsprechende Agenturen vermittelt. Um nicht auf eigenen Kosten hängen zu bleiben, benötigt man einen speziellen Vermittlungsgutschein, der über die Jobcenter zu beziehen ist. Um einen solchen Vermittlungsgutschein zu erhalten, muss allerdings zuvor wieder ein telefonischer Termin gemacht werden. Oftmals sind dann die entsprechenden Sachbearbeiter/innen nicht erreichbar...

Selbstverständlich brachte das Projekt den wenigsten Teilnehmerinnen/Teilnehmern wirklich Etwas. Einige ganz Wenige hatten Erfolg. Die weitaus Meisten jedoch waren nach Abschluss immer noch bei Hartz IV...

Wie zum Beispiel in meinem Fall. Damals, im Alter von Neununddreißig, hätte ich wahrhaftig in beruflicher Hinsicht noch was machen können. Mein Mann war gesund und fit und konnte mir viele Dinge im Haushalt abnehmen. Ich selbst war ja, wie gesagt, nun auch noch deutlich jünger. *Doch die durchaus reellen Chancen auf eine Umschulung waren mir von Seiten des Arbeitsamtes restlos zunichte gemacht worden!*

Und nun - *fast anderthalb Jahrzehnte später!* - sieht die Sache völlig anders aus. Heinrich ist chronisch lungenkrank, extrem sturzgefährdet, hat eine Diabetes, den Katarakt und offene, nässende, vereiterte Beine. Er kann mir praktisch überhaupt Nichts mehr abnehmen und ist immer mehr auf meine Unterstützung angewiesen.

Und genau das ist das Paradoxon: Nun plötzlich wird - *metaphorisch gesprochen* - sozusagen der *»elektrische Treibstab«* eingesetzt!

Das für mich wirklich Positive an dieser Maßnahme kam, als ich mit Herrn T. über mein erstes, bereits als eBook veröffentlichtes Buch sprach. Er fand es sehr interessant und bot mir daraufhin spontan an, doch am kommenden Tag oben im Unterrichtsraum vor den versammelten Teilnehmern/Teilnehmerinnen eine Lesung zu veranstalten. Genau das tat ich auch. Am folgenden Tage machte Herr T. den im oberen Unterrichtsraum einzigen PC frei, so dass ich meinen USB-Stick anschließen und den entsprechenden Ordner aufrufen und öffnen konnte. *Heute würde ich also meine erste Lesung abhalten! Eine Feuerprobe!* Das Lampenfieber machte sich bemerkbar; innerlich brach mir der kalte Schweiß aus allen Poren. Die Nerven flatterten nur so. Aufgeregt, wie ich war, genehmigte ich mir vor Beginn der Veranstaltung noch eben eine Zigarette. *Ich würde mich »outen«!* Ein Grund mehr, rappelig zu sein…

Meine Mitstreiter/innen bemerkten zwar meine Nervosität, waren selbst allerdings immer noch völlig ahnungslos. Was genau los war, erfuhren sie, als es in geschlossener Formation nach Oben in den Unterrichtsraum ging. *Aha, eine Lesung!*

Also setzte ich mich an den PC, atmete mehrmals tief durch und bezwang die Unsicherheit. Es gab kein Zurück mehr. Ein Mal begonnen, musste es jetzt auch durchgezogen werden. *Ich sagte mir immer wieder:* Hier im Unterrichtsraum mögen es vielleicht neun Zuhörer/innen sein. Wenn du später in einer Bücherei oder vielleicht sogar in der Frauenberatungsstelle eine Lesung abhältst, ist der Saal eventuell brechend voll! Es wird dich Niemand fressen! *Also - du machst das jetzt!*

Die Gruppe der Mitstreiterinnen und Mitstreiter folgte mir, einschließlich Herrn T. Alle nahmen sie an den Tischen Platz. Herr T. stellte eine Kerze auf den vorderen Tisch, entzündete sie und löschte das Licht im Raum. Dann sagte er noch ein paar einführende Worte und überließ mir die Regie.

Ich saß am PC vor meinem Text und ließ den Blick in die Runde gehen. Der Raum war in gemütliches, flackerndes Kerzenlicht getaucht. Eine ganze Gruppe Augenpaare schauten mich erwartungsvoll an. Gespannte Gesichter, wohin ich sah. Also begann ich, meinen Kameradinnen und Kameraden zu erklären, dass diese erste Lesung dazu gedacht sei, mein erstes Buch vorzustellen. Dann begann ich mit der Zusammenfassung, um den Zuhörerinnen und Zuhörern zu Nächst ein Mal eine Gesamtübersicht zu vermitteln, worum es in diesem Buch überhaupt geht. Nämlich um meine eigene Vergangenheit, von frühester Kindheit an bis zum heutigen Tage. Ein Leben, das geprägt war von elterlicher, emotionaler Gleichgültigkeit, häuslicher Gewalt, Obdachlosigkeit, Prostitution und verschiedenen Frauenhausaufenthalten. Dann folgte das Vorwort. Mittlerweile hatte meine Stimme aufgehört zu zittern; die Anspannung ließ deutlich nach. Ich begann mit den ersten Kapiteln.

Es ging um elterliche Gewalt. Während des Lesens bemerkte ich, dass die Gesichter in der Gruppe immer betretener wurden. Zwei meiner Mitstreiterinnen zogen Taschentücher. Bis auf ein gelegentliches leises Schniefen war kein Ton zu hören. Die Gesichter wurden immer länger. Tränen wurden verstohlen gewischt. Beherrscht las ich weiter. Es gab während der gesamten Stunde nicht eine einzige Unterbrechung!

Im Anschluss an die Lesung gab es noch ein kurzes Interview mit Herrn T., dann wurde das Licht im Raum wieder eingeschaltet und die Kerze gelöscht. Ich bedankte mich recht herzlich für die Teilnahme und das rege Interesse. Die Gruppe lächelte mir mit immer noch feuchten Augen bestätigend zu. Anerkennendes Nicken. Einen Applaus gab es nicht. Einige der Leute hatten wohl ganz eindeutig ein Deja-vú. Was nicht verwunderlich war. Schließlich waren wir Allesamt im gleichen Alter, gehörten noch der so genannten »*geprügelten Generation*« an. Da wurden wohl so manche eigenen, alten Erinnerungen wach. Das Gehörte musste man erst ein Mal sacken lassen. Claudia lief eine einzelne Träne über die Wange. Herr T. sagte, es sei sehr mutig von mir, mich nach all diesen persönlichen Erfahrungen der Öffentlichkeit zu stellen und so über den eigenen Schatten zu springen. *Hut ab!* Das schaffe wahrhaftig nicht Jeder…

Die zweite Lesung hielt ich dann zwei Tage später ab. Dieses Mal ging es um genau dieses Buch, dass Sie nun gerade in den Händen halten: »*Abgelinkt und abgezockt - meine Erfahrungen mit Arbeitsamt und Jobcenter*«*!*

Wieder kamen wir im Unterrichtsraum zusammen. Wieder erwartungsvolle Blicke. Und nun begann ich, meinen Mitstreiterinnen/Mitstreitern zu berichten. Von dem glotzenden Arbeitsberater, dem zu cholerischen und handgreiflichen Ausbrüchen neigenden »*Mâitre*«, dem angeblich nicht zustehenden Urlaubsanspruch, dem völlig desorganisierten, abgewedelten »*Diplom-Sozialarbeiter*«, von Stühle schubsen, Glücksquiz, »*Hangman*« und Lama-Wanderungen, meiner höchstpersönlich durch einen weit mehr als dösigen Arbeitsberater versauten Umschulung, unbezahlter

Akkordarbeit in einem Wäschepflegestudio und die Impertinenz der Inhaberin. Eben so berichtete ich von meinem Jobcoach, Frau R., die mich ermunterte und mir mit ihren pfiffigen Ideen rege Unterstützung bei der Umsetzung meines ersten, bereits veröffentlichten Buchprojektes bot!

Während einer kurzen Zigarettenpause gingen wir hinunter. Hinter mir hörte ich Sylvia, eine Mitstreiterin, Dagmar, einer anderen Kollegin, zuflüstern: »*...wo sie Recht hat, hat sie Recht...*«

Unser Projektleiter musste das Flüstern mitbekommen haben, denn diese zweite Lesung löste im Anschluss noch eine intensive Diskussionsrunde aus. Herr T. hatte eine Menge Fragen. Meine Mitstreiterinnen/Mitstreiter bestätigten ihm viele Angelegenheiten aus eigener, ähnlich leidvoller Erfahrung!

Die Lesungen kamen dann auch wirklich super an und die Resonanz war durchweg positiv...

Herr T. sprach mich am folgenden Tag noch auf meine Bücher an und sagte, es sei sehr mutig von mir, mit meiner Geschichte an die Öffentlichkeit zu gehen. Gleichzeitig bemerkte er aber auch, höchstwahrscheinlich werde ich mit einer Veröffentlichung aber wohl eher kein Glück haben.

Ich musste ihm zum wiederholten Male erklären, dass mein erstes Buch ja bereits als eBook veröffentlicht worden sei. Herr T. hatte - *wie so oft* - wieder ein Mal nicht richtig zugehört...

Telefonische Bewerbung: Puff oder Taverne?

Während einer anderen dreimonatigen Coaching-Maßnahme lernte ich Nicole kennen, eine sehr liebe polnische Mitstreiterin. Wir waren in der selben Klasse eingeteilt und verstanden uns praktisch auf Anhieb. Im Computerraum hatten wir die Möglichkeit, Stellenrecherche zu betreiben, Ergebnisse auszudrucken und uns auf die jeweiligen Stellen zu bewerben. Verschiedene Möglichkeiten standen uns zur Verfügung. Telefonisch, schriftlich oder per E-Mail. *Eine prima Sache!*

Was allerdings dann geschah, schlug dem Fass den Boden aus:

Eines guten Tages stieß Nicole im Internet auf ein Stellenangebot des Jobcenters, bei dem in einer Taverne eine Küchenhilfe gesucht wurde. Meine Mitstreiterin druckte sich das entsprechende Angebot aus, begab sich nach Vorne ins Büro und rief von Dort aus den Inhaber dieser Taverne an, um zu fragen, ob die Stelle noch aktuell sei. Wenige Minuten darauf kam sie kreideweiß und verdattert zurück in den Unterrichtsraum. Herr K., unser Dozent, fragte, was denn geschehen sei. Nicole begann, vor der gesamten Klasse zu berichten. Im Anschluss waren wir Alle vor Entsetzen baff - *einschließlich unseres Dozenten!*

Nicole hatte, wie gesagt, bei dieser Taverne angerufen und sich auf die Stelle als Küchenhilfe beworben. Der Inhaber selbst war am Apparat. Ja, die Stelle war in der Tat noch frei. *Schon Wochen zuvor war sie ausgeschrieben - es hatte sich also offensichtlich noch keine neue Küchenhilfe gefunden!*

Was mich persönlich im Nachhinein keineswegs wunderte. Ich gebe dieses Telefonat nach Nicoles Bericht Wort für Wort wieder:

Die erste Frage des Taverneninhabers: »Sind Sie Griechin?«

»Nein«, antwortete Nicole ,»ich bin Polin.«

»Das geht noch...«, meinte der Chef, »Sind Sie verheiratet oder geschieden?«

»Ich bin geschieden.«, sagte Nicole ehrlich.

»Haben Sie Kinder?«, wollte der Chef wissen.

»Ja«, gab Nicole zur Antwort, »die sind bereits erwachsen.«

»Wie sieht's mit einem Freund aus?«, fragte der Chef nun mit leicht anzüglicher Stimme.

»Nein...«, meinte Nicole leicht verunsichert, »...ich habe keinen Freund...«

Was bitte ging es den Boss an, ob sie einen Freund hatte?

»Wie Viel wiegen Sie?«, wollte der Chef nun wissen. *Hä?*

»Etwa 64 Kilo...«, antwortete Nicole, nun doch ziemlich geplättet.

Wieso jetzt noch die Frage nach ihrem Körpergewicht?

»Das geht noch...«, meinte der Chef, »...gut, dann kommen Sie gleich vorbei!«

Langsam bekam Nicole es mit der Panik!

»Nein...«, antwortete sie mit belegter Stimme, »...das geht nicht. Meine Mutter kommt übers Wochenende...«

»Okay«, antwortete der Chef entschlossen, »ich ruf' Sie dann am Montag an!«

Seinem Tonfall nach duldete er keinen Widerspruch!

»*Ja, danke...*«, krächzte Nicole angewidert und geschockt, »*...tschüss...*«

Du meine Hacke - dass dieser Typ unsere Mitstreiterin nicht noch nach Haar- und Augenfarbe so wie Hüft- und Brustumfang gefragt hatte, war Alles!

Mit zitternden Händen legte Nicole auf, holte tief Luft und begab sich zurück in unseren Klassenraum, wo sie uns diese ganze demütigende, frauenverachtende Geschichte erzählte...

Natürlich machte dieses weit mehr als eindeutige Bewerbungsgespräch auf unserer Etage gleich die Runde! *Auch unter den übrigen Dozenten und Jobcoaches!*

Herr K. war der Meinung, dass dieser Mensch wohl eher auf ein Liebchen und weniger auf eine Küchenhilfe aus sei. Er notierte sich die Adresse dieser Taverne und sagte: »Selbstverständlich werde ich dem Jobcenter umgehend Meldung machen! *Der kommt auf die Sperrliste! Von unserer Seite wird er ab sofort ebenfalls nicht mehr geführt!* Dieser dreckige Schmierfink wird nie wieder Jemanden als potentielle Arbeitskraft vermittelt bekommen, das garantiere ich...«

Auch der Rest der Klasse machte sich so seine Gedanken.

Immerhin durfte das Privatleben *(z. B. die Frage nach einem Freund)* so wie das Körpergewicht einer Bewerberin für eine Stelle als Küchenhilfe absolut keine Rolle spielen. Es war der Gipfel an Geschmacklosigkeit. Solche Fragen sind überdies sittenwidrig und niemals Gegenstand eines Bewerbungsgespräches - *es sei denn vielleicht, man bewirbt sich in einem Bordell!*

Es war also ziemlich offensichtlich. *Dieser dubiose Taverneninhaber suchte in der Tat wohl eher ein Liebchen!*

Zum Glück meldete er sich bei Nicole dann aber doch nicht mehr...

Bei solch einem »Stellenangebot« muss man sich doch in der Tat ernsthaft fragen:

Ja, was denn nun - *Puff oder Taverne?*

Freier Unterricht

Die oben genannte Maßnahme lief über einen Zeitraum von zwölf Wochen. Die Teilnehmer/innen waren in verschiedene Klassen eingeteilt. Es gab da z B. die »*Handwerker*« und die »*Kaufleute*«. Ich war bei dieser zweiten Klasse eingeteilt, nämlich bei den »*Kaufleuten*«, in Teilzeit. Nett war das Ganze ja im Großen und Ganzen. Wir hatten verschiedene EDV-Räume und auch Räume für den theoretischen Unterricht. Selbst eine kleine Küche stand uns zur Verfügung. Die Dozenten, Mitarbeiterinnen und Mitarbeiter waren sehr freundlich; das kann man nicht anders sagen. Während des theoretischen Unterrichtes nahmen wir an einer »*Ernährungswoche*« teil. Dabei wurden die Teilnehmer/innen nach ihren alltäglichen Essgewohnheiten befragt, was so gekocht wurde, ob ausreichend Obst und Gemüse auf den Tisch kam, wie es mit der Fleischernährung oder mit Fisch- und Milchprodukten aussehe. Das reinste Gespöke. Zum Ende der »*Ernährungswoche*« taten sich die Klassen in der Küche zusammen - *und es gab zum krönenden Abschluss dann noch Nudeln mit Tomatensauce!*

Während einer anderen Woche wurden in der Theorie erörtert, bei welchen Stellen man einen Antrag auf Hartz IV stellen könne. Nein, nicht nur beim Jobcenter. Sogar im Rathaus. Gut zu wissen. Davon hatten in der Tat die Wenigsten von uns Kenntnis. Auch entsprechende Filme zu den verschiedenen Themenbereichen wurden gezeigt, während Dessen einige der Teilnehmer/innen in dem völlig überhitzten, stickigen Klassenraum einnickten, mit ihren Handys beschäftigt waren, SMS versendeten oder sich in ihre jeweiligen Spiele vertieften, da die Filme zum Teil wirklich gähnend langweilig gestaltet waren. Andere Filmbeiträge allerdings waren dagegen wiederum recht interessant...

Am Besten war noch der EDV-Unterricht. Dort erstellten wir unsere Bewerbungsanschreiben, die wir dann auch absendeten. Auch suchten wir intensiv nach passenden Stellenangeboten. An Sonsten beschäftigte sich jede/r Teilnehmer/in auf ihre/seine eigene Weise am PC. Einige schauten sich Filme und Fußballspiele an,

Andere suchten sich »*Tetris*«, »*Mahjongg*« oder »*Super Mario*« heraus und wieder Weitere »*googelten*« nach Themen, die sie persönlich interessierten. Mich persönlich interessierten z. B. brennend die Rechte von Hartz IV-Empfängern so wie die dazu gehörenden aktuellsten Präzedenzfälle, Urteile, Paragraphen und Aktenzeichen, die ich in diesem dritten Buch »*Abgelinkt und abgezockt*« aufführen könnte. Also habe ich während der Unterrichtsstunden am PC fleißig recherchiert und machte mir entsprechende Notizen. Eben so über die Themen »*häusliche Gewalt*« und »*Frauenrechte*«, denn zu gerade dieser Zeit arbeitete ich ja auch noch an meinem zweiten Buch mit dem Titel »*Leid, Gewalt und stumme Tränen - Geschichten aus deutschen Frauenhäusern*«!

Es ist für eine/n Autorin/Autoren ja immer sinnvoll, so überlegte ich, die Leserinnen und Leser zu den verschiedenen Themengebieten auch gleichzeitig entsprechend aktuell über die entsprechenden Paragraphen zu informieren. Ganz klar - *das »world wide web« bildet!* Es ist nie falsch, sich entsprechende Erkundigungen einzuholen. In beiden Themenbereichen wurde ich dann auch während meiner Recherche weit mehr als fündig...

Das Schärfste an dieser Maßnahme jedoch war: Sollte sich ein/e Teilnehmer/in bei einer von ihr/ihm angeschriebenen Firma an einem bestimmten Tag zu einer bestimmten Uhrzeit vorstellen, bekam sie/er zuvor von Seiten des Coachingscenters einen speziellen Beleg mit, damit die Person, die das Vorstellungsgespräch führte, sogleich schriftlich bestätigen sollte, dass die Teilnehmerin/der Teilnehmer auch wirklich zu diesem Termin erschienen war - *unter Angabe der genauen Zeit und von Wann bis Wann!*

Dieser ausgefüllte Beleg sollte dann im Anschluss an das Vorstellungsgespräch wieder beim Coachingcenter eingereicht werden - *als Nachweis, dass man auch tatsächlich zu diesem Termin erschienen war!*

Gut, die Vorstellungstermine fielen zwar in aller Regel in die Unterrichtsstunden, aber deswegen waren die Teilnehmer/innen doch keine unmündigen Kinder! Es befanden sich Menschen darunter, die sich immerhin bereits in den Vierzigern oder sogar in den

Fünfzigern befanden. Einige waren sogar deutlich älter als Coaching-Mitarbeiter/innen oder Dozenten. Wie sollte man sich mit einem solchen »*Bestätigungsbeleg*« denn sonst fühlen als bevormundet und gegängelt?

Einer der Teilnehmer weigerte sich rigoros, diesen Wisch mitzunehmen und bei der entsprechenden Firma vorzulegen...

Nach drei Monaten war meine Zeit denn auch herum. Gebracht hat es mir letztendlich trotz Allem eine ganze Menge - *nämlich eine ganze Menge an Informationen für meine beiden noch folgenden Bücher...*

Ernüchternde Fakten

Nicht alle Leistungsempfänger/innen werden zu den »*richtigen Kunden*« gezählt. Wie das System funktioniert und die statistischen Vorgaben damit eingehalten werden, veranschaulicht ein Beispiel:

Ein/e Vermittler/in ist in der Regel zuständig für bis zu 420 »*Kunden*«. Doch Mütter in Elternzeit, Teilnehmer in Weiterbildungsmaßnahmen, kranke Hartz IV-Empfänger und auch Aufstocker werden für diese Statistik nicht mitgerechnet. Der Vermittler hat somit nur noch rund 270 »*Kunden*« zu beraten. Diese Zahl wird nun für die Berechnung durch sämtliche Jobcenter-Mitarbeiter/innen geteilt, die irgend einen Kontakt zu »*Kunden*« haben. Selbst Angestellte aus der Poststelle oder den Sekretariaten!

Und so schrumpfen ca. 420 »*Kunden*« pro Vermittler/in in dieser Statistik nur noch zu rund 150 »*Kunden*«. Vorgabe geschafft!

»*Maßnahmen besetzen*« *bedeutet vor Allem:* die Arbeitslosenstatistik klein zu rechnen...

Ein simples Rechenbeispiel zeigt, wie viele Hartz IV-Empfänger in der Arbeitslosenstatistik nicht auftauchen:

Im Oktober 2014 waren insgesamt 2,7 Millionen Deutsche offiziell arbeitslos, darunter rund 1,8 Millionen Hartz IV-Empfänger. Nicht mitgezählt wurden aber 450.000 Bezieher von ALG II, die sich in Maßnahmen befanden. Auch 254.000 Bezieher von Hartz IV, die sich krank gemeldet hatten, fielen aus dieser Statistik. Durch Sonderregelungen waren 168.000 ältere Menschen keine »*Arbeitslosen*« und weitere 294.000 Leistungsbezieher tauchten aus unbekannten Gründen ebenfalls nicht auf. Macht zusammen 1,17 Millionen Bezieher von Hartz IV, die ohne Arbeit waren - *aber eben nicht in der Arbeitslosenstatistik auftauchten!*

Die so genannten »*arbeitsmarktpolitischen Maßnahmen*« wie Umschulungen, Kurse, Weiterbilungen für Hartz IV-Empfänger kosten den Steuerzahler jährlich rund 4 Millionen Euro!

»*Fiktives*« Einkommen

Natürlich versteht es sich von selbst, dass ein/e Neuschriftsteller/in, die/der von Hartz IV lebt, ihren/seinen ersten Autorenvertrag *(eben so wie jeden weiteren folgenden Vertrag für künftige Werke!)* kopieren und diese entsprechende Kopie dem Jobcenter zusenden muss. Schließlich will man sich ja nicht straffällig machen, in dem man seinen neuen Nebenberuf verheimlicht.

Auch ich meldete meinen neuen Nebenerwerb ganz offen dem Jobcenter, schickte ebenfalls eine Kopie meines Autorenvertrages an das Amt. Aus diesem Vertrag geht ganz klar und deutlich hervor, dass ich als Urheberin des Werkes keinerlei Vorschuss erhalte. Des Gleichen steht dort vermerkt, dass Honorarabrechnungen so wie Zahlungen grundsätzlich immer zwischen dem 01. Januar und dem 28. Februar eines jeden Jahres erfolgen. Das wiederum bedeutete, dass ich in diesem betreffenden Jahr über die Höhe meiner laufenden Verkäufe noch gar Nichts erfahren würde. Erst im kommenden Jahr würde der Verlag mich schriftlich über die Umsätze informieren, die ich dann auch dem Jobcenter melden könne. Was auch umgehend geschehen würde, so bald ich über den Verlag Bescheid hätte. Eine Ahnung, wie hoch die Umsätze sein würden, hatte ich aktuell noch nicht. Dazu konnte ich also zu diesem Zeitpunkt noch keinerlei Auskünfte geben. In welcher Höhe sich ein Werk verkauft und was ein/e Schriftsteller/in in einem Jahr verdienen wird, darüber gibt es keine festgesetzte Garantie...

Wenige Tage, bevor ich die Kopie der Autorenvertrages an das zuständige Jobcenter schickte, hatte ich von einem Herrn S., dem zuständigen Sachbearbeiter der Leistungsabteilung, meinen neuen Bewilligungsbescheid erhalten. Mir wurde - *völlig korrekt!* - monatlich ein Betrag von 607,65.- Euro zugesprochen. Wenige Tage nach Erhalt der Autorenvertragskopie aber schickte mir dieser Herr S. mir einen neuen, abgeänderten Bewilligungsbescheid zu. Nun sollte mir plötzlich monatlich nur noch ein Betrag von 507,65.- Euro zustehen. *Begründung:* Das Einkommen aus Autorenrechten werde laufend in fiktiver Höhe von 100.- Euro monatlich erfasst.

Eine Anpassung erfolge nach Erhalt der Einkommensnachweise zum Monatsende bzw. Monatsanfang!

Hä? Wie bitte? Eine Erfassung fiktiver Einkünfte? Wie sollte das denn gehen? Wurde jetzt bereits über noch längst ungelegte Eier gegackert? Jetzt wurden bereits Hypothesen über meine künftigen monatlichen Umsätze aufgestellt und berechnet - *und genau diese 100.- Euro, dieser »hypothetische« Betrag!* - sollte nun monatlich von den laufenden Leistungen des Jobenters abgezogen werden!

Für meine eigenen Anstrengungen, Etwas auf die Beine getellt zu haben, um vielleicht irgendwann ein Mal ganz aus Hartz IV heraus zu kommen, sollte nun - *und das gänzlich ohne vorherige Anhörung!* - die Bestrafung folgen?

Nee - *nicht mit mir!* Dieser Scherzkeks vom Amt konnte sich doch keinen bereits im Vorfeld »*fiktiven*«, völlig aus der Luft gegriffenen Betrag über meine eventuell künftigen, monatlichen Umsätze aus der Nase orgeln!

Nachtigall, ick hör' dir trappsen...

Auf der Stelle schrieb ich diesen Spaßvogel vom Amt an, klärte ihn über seinen Irrtum auf und setzte eine angemessene Frist zur Korrektur. Keine Reaktion. Damit war natürlich zu rechnen. Behördenmühlen mahlen in der Regel sehr langsam. Also schickte ich Herrn S. noch einen zweiten Brief. in dem ich ankündigte, die entsprechenden Unterlagen meiner Anwältin vorzulegen. Immer noch kein Echo. Wenige Tage später hatte ich ohnehin wegen anderer Angelegenheiten einen persönlichen Termin bei Herrn M., meinem zu dieser Zeit gerade aktuellen Arbeitsvermittler. Auch ihm legte ich eine Kopie des Autorenvertrages vor und zeigte ihm sogar die entsprechenden Sätze - nämlich, dass ich keinerlei Vorschusszahlungen erhielte und die Benachrichtigungen über Verkäufe so wie die Honorarzahlungen nicht monatlich, sondern grundsätzlich immer erst zwischen dem 01. Januar und dem 28. Februar erfolge. *Nun hatte auch Herr M. es schwarz auf weiß!* Übrigens ein sehr netter, drolliger Zeitgenosse, der mir sagte, 100.-Euro monatlicher Abzug sei doch auch gar nicht so Viel!

Nee - nicht Viel? Sehr komisch! Herr M. muss ja schließlich nicht von Hartz IV leben...

Schließlich machte mich die Tatsache, dass ich gerade ein Mal mein erstes *(und bislang noch absolut unbekanntes!)* Buch heraus gebracht hatte, ja nicht gleich von einem Augenblick zum Anderen zu einem superreichen, nur so im Geld schwimmenden Krösus!

Also klärte ich den netten Menschen von der Behörde erst ein Mal über das rechtswidrige Verhalten seines Kollegen eben so wie über meine Rechte als »*Kundin*« auf. Herr M. schaute in seinem schlauen Rechner nach und meinte, ja, Herr S., sein Kollege, arbeite daran. Okay, gab ich Herrn M. zur Antwort, dann solle Herr S. jetzt aber man bei der Arbeit einen gehörigen Zahn zulegen. Ich hätte sämtliche Unterlagen für meine Anwältin nämlich bereits zusammengestellt!

Und so ganz nebenbei: Eine Person, die Hartz IV-Leistungen bezieht, kann ohne Weiteres sogar bis zu 100.- Euro monatlich hinzu verdienen - *und das ohne Abzug von Seiten des Jobcenters!*

Diese zweite, persönliche Androhung jedenfalls *(und vielleicht auch mein entschlossener Gesichtsausdruck)* müssen in der Tat eine Blitzwirkung erzeugt haben, denn bereits am kommenden Tag hatte ich dann die entsprechende Korrektur im Briefkasten!

Na also - es geht doch...

Was übrigens den persönlichen Kontakt mit Jobcentern angeht: Wollen die zuständigen Sachbearbeiterinnen und Sachbearbeiter einen »*Kunden*« sehen, wird eine schriftliche »*Einladung*« los geschickt. Hat der »*Kunde*« allerdings mit dem Jobcenter Etwas zu klären, muss er zuvor dort anrufen, um einen entsprechenden Termin zu bekommen. Das unverschämte Glück, den Menschen von der Sachbearbeitung an die Strippe zu bekommen, ist oftmals so selten wie sechs Richtige im Lotto! In gar nicht so seltenen Fällen bekommt der »*Kunde*« die zuständige Person nämlich überhaupt nicht an den Apparat!

Handelt es sich um eine wirklich dringende Angelegenheit und der »*Kunde*« taucht ein Mal ganz plötzlich außer der Reihe auf, weil umgehend Etwas geklärt werden muss, bekommt er gesagt, er solle zuvor einen entsprechenden telefonischen Termin vereinbaren. *Ohne Termin geht schon ein Mal gar Nichts!* Versucht der »*Kunde*«

aber genau Jenes und tippt sich von morgens früh bis in den späten Nachmittag die Finger wund, ist selbstverständlich oftmals - *im Extremfall selbst über einen Zeitraum von mehreren Tagen!* - beim zuständigen Jobcenter die betreffende Person einfach nicht zu erreichen!

Wenn die zuständigen Sachbearbeiter/innen von einem »*Kunden*« Etwas wollen, muss es möglichst ohne Aufschub und überpünktlich sein, weil sonst allerlei Sanktionen drohen - *aber fottens!* Will der »*Kunde*« allerdings Etwas von Seiten des Jobcenters, wird er abgewimmelt und vertröstet und gerät in die Endlos-Schleife. Egal, wie dringlich die Angelegenheit auch sein mag und was letztendlich eventuell für ihn persönlich davon abhängt!

Es schert offensichtlich Niemanden…

Wie fühlen sich generell die von Hartz IV Betroffenen vor persönlichen Jobcenter-Terminen?

Bei jeder neuen »*Einladung*«, die ins Haus flattert, steht ja auch der jeweilige Name der zuständigen Sachbearbeiterin/des Sachbearbeiters angegeben. Ein unbekannter Name löst automatisch ein gewisses Gefühl von Unsicherheit aus. *Wen bekommst du jetzt schon wieder kredenzt?* Was für ein Mensch wird dir am Schreibtisch gegenüber sitzen? Wird es ein Schnodderkopf sein oder eher eine umgängliche Person? Wirst du burschikos herunter gekanzelt oder zeigt dieser Jemand Verständnis für deine momentane Situation?

Du weißt es eben nicht...

Ist es eine Person, mit der du bereits zu tun hattest, gibt es zweierlei Optionen: Eine umgängliche Person, mit der du bereits Erfahrungen gemacht hast, lässt dich aufatmen. Dieser Mensch ist empfänglich für deine Sorgen und Nöte, hört dir zu und bietet vielleicht sogar entsprechende Lösungsvorschläge. Ein schnodderiger Mensch, bei dem du bereits eine ziemlich derbe und ruppige Erfahrung gemacht hast, erzeugt ganz automatisch eine innere Anspannung und raubt dir schon Tage vor dem anstehenden Jobcenter-Termin den letzten Nerv...

Selbstverständlich kann es auch passieren, dass am Tage des anstehenden Termines ein/e Mitarbeiter/in, die/der dir beim letzten Mal als sehr umgänglich erschien, dich heute lautstark zusammenfaltet, weil sie/er ausgerechnet heute ein Mal einen wirklich schlechten Tag hat. Umgekehrt kann es natürlich eben so laufen. Im Grunde also ist jeder persönliche Termin eine reine Zitterpartie, die erst ein Mal gehörig an den Nerven zerrt...

Seit neuester Zeit wird von Seiten der Jobcenter ja immer wieder davon geredet, dass im Laufe der kommenden Jahre eine »*Vollbeschäftigung*« angestrebt werden soll. Überlegen Sie, liebe Leserinnen und Leser, wie das wohl ernsthaft gemeint ist. Man beachte alleine nur ein Mal die unendliche Flüchtlingswelle. Die Menschen, die bleiben dürfen, müssen zu Nächst ein Mal intensive Deutschkurse absolvieren, dann in Neuer Deutscher Rechtschreibung geschult und zum Teil sogar alphabetisiert werden. Hinzu kommen zusätzlich intensive EDV-Kurse. Kein Thema, denn wer im Lande bleiben und möglichst unabhängig leben will, muss die deutsche Sprache in Wort und Schrift beherrschen. Entsprechende Einrichtungen und Kursangebote müssen geschaffen werden. Im Grunde steigen die Arbeitslosenzahlen also rapide an. Doch dadurch, dass Flüchtlinge an den entsprechenden Kursen teil nehmen, fallen sie - *zu Mindest statistisch gesehen* - gar nicht erst in die entsprechende Angabe. Eben so verhielt es sich ja schon lange vor der Flüchtlingswelle bei den Ein-Euro-Jobbern, Menschen in Lehrgängen und Trainingsmaßnahmen. Sie galten *(und gelten!)* als »*vermittelt*«. Alles zum Wohle der Statistik. Das ist bereits alter Kaffee. Uralt Lavendel. Würden nun aber sämtliche Maßnahmen auf einen Schlag wegfallen oder aber die Teilnehmerinnen und Teilnehmer solcher Maßnahmen plötzlich in der bestehenden Statistik aufgeführt, ginge die Zahl der Arbeitslosen sprunghaft in einen unermesslichen Millionenbereich. So viele feste Arbeitsstellen, dass es die betroffenen Menschen dauerhaft in Lohn und Brot bringen würde und es zu einer echten Vollbeschäftigung kommt, können - *realistisch und nüchtern betrachtet* - gar nicht geschaffen werden!

Es wird also wohl auch in der Zukunft letztendlich wieder nur ein Mal um eine Beschönigung der Arbeitslosenzahlen gehen…

Zum Abschluss noch ein Wort zum Thema »Eingliederungsvereinbarungen«:

Eine Vereinbarung ist eine gemeinsam getroffene Abmachung, in der mindestens zwei Menschen in gegenseitigem Einvernehmen stehen. Beide müssen absolut gleichberechtigt mit einer bestimmten Sache einverstanden sein. In einer als so wunderschön bezeichneten »*Eingliederungsvereinbarung*« allerdings bestimmt gewöhnlich alleine die/der zuständige Sachbearbeiter/in des Jobcenters. *Im Ernst jetzt:* Gemeinsam getroffene Beschlüsse? *Nullissimo!* Der »*Kunde*« ist der Esel, der diese »*Vereinbarung*« gefälligst zu unterschreiben hat - *ob ihm die Entscheidung der Sachbearbeiterin/des Sachbearbeiters nun passt oder nicht!*

Eben so wie »*Einladungen*« im Grunde nichts Anderes als pure Vorladungen sind!

»*Einladungen*«, »*Kunden*«, »*Eingliederungsvereinbarungen*«, »*Vollbeschäftigung*« - Vieles wird in schöne, rosarote Umschreibungen verpackt. Ja, blühende Landschaften. Der Hartz-IV-Empfänger jedoch ist und bleibt letztendlich immer der Dummerjan!

Das ist einfach die bittere Realität…

Hartz IV-Gesetzgebung

- *Urteil:* Hartz IV-Bezieher/innen müssen nicht automatisch sämtliche von Seiten des Jobcenters angebotenen Kurse akzeptieren. Vor Allem dann nicht, wenn Diese sich als sittenwidrig herausstellen. Leipziger Sozialgericht *(S1 AL 251/15)*..

- *Urteil:* Müssen Hartz IV-Empfänger/innen umziehen, erhalten sie die angemessenen Umzugskosten erstattet. Dazu gehören auch Aufwendungen für die Umstellung des Telefon- und Internetanschlusses so wie für einen Nachsendeantrag. Bundessozialgericht Kassel *(AZ B14 AS 58/15R)*.

- *Urteil:* Immer mehr Jobcenter gehen dazu über, so genannte »*Führungszeugnisse*« von Hartz IV-Empfängern zu verlangen. Die Behörden drohen nicht selten mit einschneidenden Sanktionen *(Geldkürzungen)*. Damit greifen die Jobcenter allerdings in das Sozialgeheimnis ein. *Darin heißt es nämlich:* Jeder hat Anspruch darauf, dass die ihn betreffenden Sozialdaten *(§67 Abs. 1 Zehntes Buch)* von den Leistungsträgern nicht unbefugt erhoben, verarbeitet oder genutzt werden *(§35 SGB 1 Sozialgeheimnis)*.

- *Urteil*: Erhalten Leistungsberechtigte für eine verspätete Hartz IV-Nachzahlung auch Zinsen von Seiten des Jobcenters ausgezahlt, können sie Diese behalten. Das Amt darf die ausgezahlten Zinsen später nicht als Einkommen wieder mindernd auf die Hartz IV-Leistung anrechnen, entschied das Landessozialgericht Baden-Württemberg. Wegen grundsätzlicher Bedeutung ließen die Stuttgarter Richter die Revision zum Bundessozialgericht in Kassel zu *(AZ.: L9 AS 4918/14)*.

Sprich: Bei den vom Amt gezahlten Zinsen handelt es sich zwar nicht unmittelbar um Alg II-Leistungen - *mittelbar aber sehr wohl!*

- Auf Verlangen der/des Leistungsempfängerin / Leistungsempfängers hin muss das Jobcenter über alle seine Entscheidungen einen schriftlichen Bescheid - *einen so genannten Verwaltungsakt* - aushändigen *(§33 Abs. 2 SGB X)*. Aus dem Bescheid muss *nach-*

vollziehbar hervor gehen, *warum* das Amt Etwas entschieden hat *(§35 Abs. 1 und 3 SGB X).*

- Ämter haben *(nach §§13 und 14 SGB I)* eine Beratungs- und Aufklärungspflicht. Jede/r Betroffene hat Anspruch auf eine umfassende Beratung. Unter Beratung wird verstanden, dass Kenntnisse vermittelt werden, die notwendig sind, um seine Rechte und Pflichten wahr nehmen zu können.
- Manchmal ist es wichtig zu wissen, was in der Akte des Jobcenters über die/den Leistungsempfänger/in vermerkt steht. Diese/r hat ein Recht auf Einsicht in ihre/seine Akte und kann daraus wichtige Sachen abschreiben *(§25 SGB X).*
- *Sperrzeiten:* Rund 40% der Widersprüche und 50% der Klagen gegen verhängte Sperrzeiten sind erfolgreich. Bei den Hartz IV-Leistungen sind 60% der Widersprüche erfolgreich. Einschließlich Vergleichen werden rund drei von vier Klagen vor dem Sozialgericht gewonnen!
- Gewerkschaftlicher Rechtsschutz gilt nicht nur bei Streitigkeiten mit dem Arbeitgeber, sondern auch im Streitfall mit der Bundesanstalt für Arbeit und dem Jobcenter!
- Klagen vor dem Sozialgericht sind grundsätzlich kostenlos!

Ihre Rechte

- Eine Person des Vertrauens als Begleitung mit zu Jobcenter-Terminen zu nehmen ist Ihr gutes Recht *(§13 zehntes Sozialgesetzbuch).* Der Beistand kann sogar für den von Hartz IV Btroffenen sprechen. Alles, was der Beistand sagt, wird so gewertet, als hätte der Betroffene es selbst gesagt - *es sei denn, der Betroffene widerspricht ausdrücklich!*

Besser ist es allerdings, eine Person aus dem Freundes- oder Bekanntenkreis mitzubringen als Ehepartner oder Verwandte. In einem Streitfall nämlich sind verwandte oder verschwägerte Personen als Zeugen nicht geeignet, da sie als »*befangen*« und als »*wenig glaubwürdig*« angesehen werden.

- Man sollte beim Jobcenter nicht vorschnell und unüberlegt unterschreiben. Ist man unsicher und kann die eventuellen Folgen seiner Unterschrift nicht überblicken, kann man um Bedenkzeit bitten und sich zwischenzeitlich eine Beratung einholen *(z.B. bei Gewerkschaft oder einer unabhängigen Beratungsstelle).* Dies ist vor Allem dann wichtig, wenn das Jobcenter eine Eingliederungsvereinbarung abschließen will. Dies ist ein Vertrag, in dem festgelegt wird, welche Hilfen das Amt bietet und welche Pflichten und Eigenbemühungen man selbst erfüllen muss.

- Eine Bedenkzeit steht Ihnen in jedem Falle zu!

Nachwort und Danksagung

Zu Nächst ein Mal möchte ich mich recht herzlich bei einigen Menschen bedanken, die mir auf meinem Weg zur Schriftstellerin weiter halfen, mir die nötige Unterstützung zukommen ließen und stets an mich glaubten.

Als Erstes danke ich Herrn Daniel Bieter, meinem Verleger vom Re Di Roma Verlag, der nun mein mittlerweile drittes Buch heraus brachte. Seine zuverlässige, unkonventionelle Art und seine Einfühlungsgabe auch in heikle Themenbereiche waren mir stets ein innerer Ansporn.

Danke, Herr Bieter!

Die zweite, wichtige Person ist Frau R., mein ehemaliger Jobcoach. Ohne sie, die gleichzeitig auch die Testleserin meiner ersten beiden Bücher war, wäre ich wohl nie darauf gekommen, mein Werk *(mittlerweile auch in Form einer Printversion!)* als eBook heraus zu bringen. Ihr Schwung und ihre Begeisterung spornten mich zusätzlich an, eben so wie ihre positiven Kritiken. Sie prophezeite mir, dass ich es schaffen würde. Letztendlich hat es sich bewahrheitet. Gerade die Tatsache, dass sie mich überhaupt auf diese Idee brachte, beweist, dass sie von Anfang an fest an mich glaubte.

Vielen lieben Dank, Frau R.!

Eben so danke ich meinen ehemaligen, anonymen Mitstreiterinnen und Mitstreitern der verschiedenen »*Qualifizierungsmaßnahmen*«, die mir von ihren zahlreichen Schicksalen und Erfahrungen berichteten. Mit diesen tapferen Menschen ging ich einen Teil meines Weges, tauschte mich in Gesprächen intensiv mit ihnen aus. Zusammen hatten wir auch unsere gemeinsamen, durchaus nicht immer positiven Erlebnisse. Gelinkt und beschissen wurden wir schließlich oft genug im Leben; zu Vieles war bereits in der Vergangenheit von behördlicher Seite auf unseren Rücken ausgetragen worden. Zusammen haben wir uns stark gemacht und - *zu Mindest ein Mal für einen kleinen Teil unserer Rechte!* - erfolgreich gekämpft. Ich wünsche euch alles erdenklich Gute für die weitere Zukunft!

Danke, dass ich euch begegnen und an euren jeweiligen Schicksalen Anteil nehmen durfte!

Nachträglich danke ich auch Frau D., meiner damaligen Dozentin der VHS, für den umfangreichen und ausführlichen Unterricht in Neuer Deutscher Rechtschreibung.

Danke, Mellie!

Was das Schreiben von Büchern angeht: Man sagt ja im Allgemeinen, das Erste ist immer das Schwerste! Dem kann ich in der Tat nur zustimmen!

Zu Nächst ein Mal tut sich die Frage auf: Wo beginnt man ein Buch? Wie formuliere ich den ersten Satz? Ist der Text auch flüssig genug? Könnte oder sollte ich dies und das vielleicht noch einfügen? Falls ja, wo? Sind Flüchtigkeitsfehler auszumerzen? Ist am bereits bestehenden Text noch Etwas umzustellen? Wie überwinde ich Schreibblockaden? Fragen über Fragen tun sich auf.

Ja, es stimmt. Das Erste ist immer das Schwerste. Mir ging es eben so. Mein erstes Buch mit dem Titel »*Es wurde ja nicht gefragt - wenn Schreie nach Liebe verhallen*« kostete mich knapp zweieinhalb Jahre. Für das zweite Werk unter der Überschrift »*Leid, Gewalt und stumme Tränen - Geschichten aus deutschen Frauenhäusern*« reichten bereits anderthalb Jahre aus. Dieses nun aktuelle, dritte Buch »*Abgelinkt und abgezockt - meine Erfahrungen mit Arbeitsamt und Jobcenter*« legte ich innerhalb weniger Monate hin. Ja, mit der Zeit gewinnt man deutlich an Routine…

Ob ich eventuell daran denke, weiter zu schreiben? Das lässt sich zum momentanen Zeitpunkt bereits mit Bestimmtheit sagen. Vorgenommen hatte ich mir ursprünglich, dieses dritte Buch zu meinem Letzten zu machen. Beschwören wollte ich das allerdings nicht. Nein, mit Sicherheit wird es noch weitere Bücher geben. Wenn man das Schreiben erst ein Mal begonnen hat, packt es Einen und lässt nicht mehr los. Wer weiß, vielleicht hält diese Strähne ja an. *Eventuell ein Nordland-Roman?* Das wäre super…

Wencke H., im Mai 2017

Glossar

(in alphabetischer Reihenfolge)

backbord = linksseitig
Barke = kleines Boot
belfern = keifen, schnauzen
Bilge = tiefster Raum eines Schiffes, in dem sich Öl und Brackwasser sammeln
Buddel = Flasche

Deern = Mädel
Dollen = Ruderlager
Donnerhacke, Donnerkeil, Donnerklütt = Donnerwetter
Dult = Volksfest, Jahrmarkt
Dummerjan = Trottel, Idiot

Exposé = Zusammenfassung
Fant = Narr, Geck
Fjord = Meeresarm
fottens = sofort, umgehend
franko = kostenfrei, gratis

gacksen = kichern, lachen
Gangspill = Ankerwinde
geflaggt = geschmückt
gehisst = aufgezogen, hoch gezogen
Glasen = Uhrzeit
grand mal = großer epileptischer Anfall
grindig = rau, borkig, schorfig

hacke = trunken, durchgeknallt
havariert = verunglückt
Heuer = Seemannslohn

Janmaat = Leichtmatrose

Katarakt = grauer Star
kielholen = einen Straftäter mit einem Seil um den Leib über die Reling werfen und unter dem Kiel her auf die andere Seite des Schiffes wieder an Bord ziehen (*eine zu den alten Zeiten gängige Strafmaßnahme auf See)*
Kiez = Rotlichtmilieu
Klüsen = Ankerlöcher für Ketten und Seile
knorke = klasse, super, bombig
Knoten = Geschwindigkeitsmesser
kobern = anlocken, ankirren
Kombüse = Schiffsküche, Küche

Lee = windstille Seite
Luv = Windseite

Masten = Hauptstangen des Schiffes
Messe = Ess- und Aufenthaltsraum für Schiffsoffiziere
meutern = aufmucken, aufbegehren
Moses = Schiffsjunge, Kombüsengehilfe
mucker = hellhörig, aufmerksam

Odeur = Duft, Wohlgeruch

patchen = aufdrucken, kennzeichnen *(Wäscherei-Jargon)*
Pepita = kleinkariert
per Pedes = zu Fuß
petit mal = kleiner epileptischer Anfall
Printer = Drucker
pröddelig = unüberlegt

Reepen = Schiffsseile
reffen = einziehen, einholen

sanguinisch = aufbrausend, ungestüm
Schiet, Schietkram = Mist, Mistkram

schnacken = quatschen, quasseln
Seemannsgarn = Ammenmärchen, Flunkerei
Smutje = Schiffskoch, Koch
Spacken = Idiot
Spöke = Jemand, der Andere gerne kontrolliert, ausspioniert und belauscht
spöken = nachschleichen, kontrollieren, belauschen
steuerbord = rechtsseitig
Strandhögg = Beutezug, Raub, Plünderei

Toppen = Mastspitzen
Twens = Menschen in den Zwanzigern

über die Toppen geflaggt = Schiff mit voller Beleuchtung und Zierbeflaggung

vegetarisch = fleischfrei
Volontäre = Auszubildende
von Achtern = von Hinten, als Letzter

Werft = Schiffsbauanlage

Youngsters = junge Generation

Abschließende Worte der Autorin Wencke H.

Ja, nun ist bereits mein drittes Buch veröffentlicht. Wenn ich bedenke, welche innerliche Ängste und Unsicherheiten beim Schreiben des ersten Buches noch aufkamen, ist es rückwirkend irgendwie kaum zu glauben. Vor Allem nicht, wenn man bedenkt, was in so verhältnismäßig kurzer Zeit zusammen kam. Dazu permanent der Gedanke im Hinterkopf: Schaffst du das überhaupt? *Und wenn ja, wie?*

Doch ich hatte ein Ziel vor Augen. Ein bereits ernsthaft gefasstes Ziel darf niemals aus den Augen verloren werden. - du kannst letztendlich ja nur gewinnen…

Nein, ich wollte nicht auf den großen Donnerschlag warten! Durch Warterei würde ich nicht das Geringste erreichen. Warten heißt Lebenszeit vergeuden. Mir wurden *(so wohl indirekt als auch direkt!)* zwei entsprechende, kleine Chancen geboten - *und ich habe sie ergriffen!*

Mein ureigener Leitgedanke war: Du kannst hungrig sein. Man stellt dir sogar dein absolutes Leibgericht auf den Tisch. Der gefüllte Teller steht unmittelbar vor deiner Nase. *Doch reicht das alleine schon, um satt zu werden?* Nee, Wencke, ging mir durch den Kopf, das reicht eben nicht! Du kannst nicht erwarten, dass du auch noch gefüttert wirst. Um den Hunger zu stillen, musst du also selbst aktiv werden und nach der Gabel greifen. Der Arm muss bewegt und das Essen zum Munde geführt werden. Du musst kauen und schlucken, um den Magen zu füllen. *Von Nichts tut sich eben Nichts!*

Ähnlich verhält es sich mit der Schreiberei. Ich hatte das Bedürfnis, meine persönlichen Erfahrungen an meine Mitmenschen weiter zu geben, ihnen Mut zu machen - *und gleichzeitig beruflich selbst auf die Beine zu kommen!* Der Wunsch war schon ein Mal der Vater des Gedankens: *Mach´ dein Hobby zum Beruf!* Doch um mir diesen Wunsch zu erfüllen, um Alles von der Seele zu haben und mir eine berufliche Perspektive zu schaffen, musste ich mich halt ans Notebook setzen und intensiv schreiben. Fehler mussten ausgemerzt und Texte entsprechend umgeschrieben werden. Stichworte, die plötzlich in den Kopf kamen, mussten umgehend notiert werden, bevor sie wieder verloren gingen. Es war Alles in meinem Inneren und brauchte praktisch nur heraus gelassen zu werden. Dann hieß es, mich gleichzeitig nach einem guten Verlag umzuschauen. Egal, wie viel Zeit es auch kosten mochte.

Wenn du in deinem Leben Etwas bewegen willst, so sagte ich mir, musst du diese holprigen Wege bewältigen. *Träume nicht dein Leben - sondern lebe deinen Traum!* Besser spät als nie! Du alleine bestimmst den Kurs, hisst die Segel! Du ganz alleine stellst die Weichen für deine Zukunft! Verliere niemals den Glauben an dich selbst! Wenn du dein angestrebtes Ziel erreichen willst, musst du die entsprechenden Schritte wagen. Niemand setzt dir die Füße. Du musst die Beine selbst bewegen. Um gehen zu können, musst du schon gehen wollen…

Wie schwer das Leben des Einzelnen auch aktuell sein oder bereits gewesen sein mag - *das eine oder andere Positive kann doch aus den persönlichen Erfahrungen immer noch gezogen werden!*

Niemand ist rechtlos, Niemand ist wertlos! Jeder Einzelne auf dieser Erde hat seine ganz besonderen, individuellen Talente und Begabungen! Ich hoffe, meinen Mitmenschen ein klein wenig Mut gemacht und zu eigenen Schritten ermuntert zu haben!

Wencke H., im Mai 2017